영업, 질문으로 승부하라

영업, 질문으로 승부하라

오정환 지음

호이테북스
today

질문으로 높은 성과를 올릴 수 있을까?

'도대체 사람들은 왜 영업판을 떠나는 것일까?'

이것은 영업을 시작한 이래 계속하고 있는 질문이다. 떠나는 사람에게 그 이유를 물어보면, "비전이 없다", "돈이 안 된다", "일이 어렵다", "영업은 내 적성이 아니다"와 같은 대답을 들었다. 그들은 왜 영업 분야에 비전이 없다고 생각할까. 왜 돈이 안 된다고 생각할까. 영업에 맞는 적성은 있는가. 이런 질문에 답을 찾으려고 그동안 참 많은 고민을 했다.

우선 답을 찾으려고 책을 읽기 시작했는데, 인터넷서점에서 '영업', '방문판매', '세일즈' 관련 책을 찾아보고 깜짝 놀랐다. 이렇게 많은 책이 있었다니……. 이런 책도 읽지 않고 영업을 하는 내가 한심스러웠다. 책을 한 권 두 권 사서 읽기 시작했다. 책을 읽으며 계속해서 질문을 했다. '좋은 방법이 없을까?' 그러나 답을 쉽게 찾을 수 없었다.

질문을 계속하다 보면 답은 찾게 마련이라 했다. 어느 순간 문득 그동안 체계 있는 교육이 부족했다는 사실을 깨달았다. 신입사원이 들어오면 며칠 동안 회사 소개와 제품, 또는 상품의 특징이나 장점만을 교육했다. 이 부분은 하루도 빠지지 않고 열심히 교육했다. 그게 다였다. 그러고 나면 아는 사람에게 팔아오든 개척판매를 하든 그것은 각자의 몫이었다. 각자의 재주에 맡겨버렸다.

물론 다른 곳에서 영업을 한 경험이 있거나 배우지 않아도 스스로 방법을 터득한 사람은 살아남았다. 그렇지 않은 사람들은 몇 개월 버티기가 힘들었다. 많은 사람들이 쉽게 영업을 시작해서 쉽게 그만두기를 반복했다. 악순환의 연속이었다. 그만두는 사람에게 '열정을 품어라', '비전을 세워라', '포기하지 마라'고 아무리 설득해도 소용없는 일이었다. 정신력이 중요하지만 정신력만으로는 분명 한계가 있었다.

　이처럼 영업하는 사람들이 막연하게 일을 하다 비전을 찾지 못하고 그만두는 악순환을 막아야겠다는 생각이 들었다. 그러려면 그들에게 판매기법을 가르쳐 현장으로 내보내야 한다는 필요성을 절감했다. 이런 교육 과정을 생략한 채 연고시장에 매달리다 그만두는 일을 반복한다면 갈수록 경쟁이 치열해지는 현장에서 생존할 수 없다는 위기의식이 생겼다.

　필자가 '영업' 관련 책들을 읽으며 깨달은 점 가운데 하나는 성공한 영업 달인들은 한결같이 질문을 많이 한다는 사실이었다. 모든 책에서 '길게 설명하지 말고 질문하라'고 가르쳤다. 고객 발굴, 고객 문제 파악, 제품 설명, 계약, 마무리 같은 영업 과정에서 질문은 매우 커다란 영향력을 지니고 있었다. 질문을 해야 고객의 문제와 필요를 알아내어 적절한 해결책을 제시할 수 있기 때문이다.

　영업은 대인관계의 종합이다. 대인관계에 필요한 수많은 덕목

들, 예를 들어 신뢰, 설득력, 공감 능력, 친절, 포용, 인내, 유머 감각 따위를 두루 갖춘 사람들이 좋은 성과를 낸다. 그러니 영업에서 성공하는 사람은 한 인격체로서 완벽하다고 보면 된다.

질문은 바로 이러한 덕목을 갖춰가는 데 필요한 길잡이다. 질문으로 효과적인 설득이 가능하고, 강한 인상을 남길 수 있고, 고객에게 동기를 부여하고, 고객을 진심으로 이해하고 공감할 수 있기 때문이다. 또한 질문으로 내면의 소리를 들을 수 있으며 열정과 비전을 품을 수 있고, 자기반성도 할 수 있다. 이러한 질문의 힘을 독자들이 이해하고 실천한다면 분명히 지금보다 높은 성과를 낼 수 있다.

이 책은 다음과 같이 구성되었다.

1장에서는 질문의 필요성과 질문할 때의 기본 원칙, 고객에게 하는 질문에 앞서 자기 자신에게 어떤 질문을 해야 하는지를 일러준다. 그동안 질문의 가치를 깨닫지 못한 사람이라면 질문의 가치와 힘을 파악할 수 있을 것이다. 또한 평소 습관적으로 하는 질문이 우리 인생에 얼마나 커다란 영향을 미치는지도 깨달을 수 있다.

2장에서는 영업에서 질문이 왜 필요한지, 질문이 어떤 기능을 하는지, 영업에서 사용할 수 있는 질문의 유형에는 어떤 것이 있는지를 살펴보았다.

다음으로 3장, 4장, 5장에서는 영업 과정별로 어떤 질문을 어떻게 해야 하는지 예를 들어가며 설명했다. 고객과 친해지는 질문, 고객의 문제와 필요를 알아채는 질문, 고객 욕구를 자극할 수 있는 질문, 판매와 마무리에 사용할 수 있는 질문, 거절 처리 질문, 고객 관리 질문, 소개받기 질문 등을 다루었다. 이는 영업 현장에서 바로 응용할 수 있어서 쓰임새가 많다.

물론 이미 영업 현장에서 질문을 많이 하는 사람도 있을 테고, 처음 영업에 발을 들여놓아 어떻게 할지 고민하는 사람도 있을 것이다. 이 책은 모두에게 쓸모가 있다. 하지만 단지 소설이나 수필처럼 단박에 읽어서는 충분한 효과를 얻을 수 없다. 예로 든 질문을 당신이 취급하는 제품에 맞게 창의적으로 고쳐서 입에서 반사적으로 튀어 나올 정도로 연습하고 또 연습해서 자기 것으로 만들어야 현장에서 효과적으로 활용할 수 있다. 영업에서 성공한 달인들은 한결같이 책을 많이 읽고 끊임없이 영업 기술을 갈고닦아온 사람이다. "이 세상에 공짜는 없다"는 말은 영업 현장에도 딱 들어맞는다.

질문법을 익히면 성공 확률은 확실히 올라가겠지만 그렇다고 백전백승할 수는 없다. 단지 현장에서 유용하게 써 먹을 수 있는 신형 도구 하나를 새롭게 얻었다고 생각하자. 한 가지 기술로 다양한

고객을 모두 상대할 수는 없다. 그만큼 변수가 많은 곳이 영업 현장이다. 영업을 할 때 사용할 수 있는 다양한 방법을 책과 선배에게 배우면서 자신만의 노하우를 창조하다 보면 당신은 자신도 모르는 사이에 영업 달인이 될 것이다.

감사하려니 그 대상이 참 많다. 그만큼 평소 신세를 많이 지고 산다는 증거다. 죽을 때까지 감사만 해도 부족할 듯싶다. 다른 복보다 특히 인복을 많이 주신 하나님께 감사할 뿐이다. 좀 쑥스럽지만 아내 조미선과 딸 오하영에게도 고맙다는 말을 꼭 하고 싶다. 원고를 쓰는 동안 주말이든 평일이든 함께 있어주지 못했지만 묵묵히 응원하고 용기를 주었다. 함께 여행하기를 좋아하는 아내의 침묵이 없었다면 이 책의 출판이 다소 늦어졌을 것이다. 자식 잘되라고 아침마다 기도하신다는 부모님, 동생을 위해 새벽마다 기도하고 있을 우리 형 오준환 목사와 형수. 이분들께 진 빚을 글 몇 줄

로 때우려니 송구하다.

　끝으로 호이테북스 김진성 대표에게 감사드린다. 글을 써놓고 나서 자신 없어 할 때 격려해주고 용기를 북돋우면서 기꺼이 책을 내주셨다.

　아무쪼록 이 책이 영업 현장에서 꿈과 희망을 키우고 있는 사람 들에게 보탬이 되었으면 한다. 그것이 고마움에 답하는 최선의 길 임을 안다. 그래서 더욱 어깨가 무겁다.

질문으로 인생과 비즈니스에서 성공하라

책이 출간된 지 10년이 흘렀다. 다른 책 같으면 이미 절판되었을 텐데 개정판을 내게 되었다. 감사한 일이다. 아직도 '좋은 책을 읽었다'는 인사를 받을 수 있으니 저자로서 이만한 영광도 없다. 나는 이 책을 시작으로 12권을 더 썼다. 저작이 늘며 가장 보람 있는 일은 다른 사람이 책을 쓰도록 도와주는 전문코치가 되었다는 사실이다. 아울러 이 책은 방문판매 사업을 접고 프리랜서 강사로 뛰어든 가장 큰 원인이 되기도 했다.

이 책을 내고 나서 아쉬운 점이 많았다. 최선을 다해 썼지만 탈자나 오자는 물론이고 글쓰기의 미숙함이 여기저기 눈에 띄었다. 개정판을 내기로 결정했을 때 가장 먼저 한 일은 어색한 문장을 세련되게 고치는 작업이었다. 아울러 영업인이 꼭 알아야 할 사항이지만 빼먹은 부분은 충실히 보충하려고 애썼다. 완벽하다고는 볼

수 없지만 최선을 다했다는 사실에 만족한다.

  1장 〈질문으로 운명을 개척하라〉는 분량을 대폭 늘렸다. 영업인
에게는 고객을 상대하는 기술도 중요하지만 혼자 있을 때 자신을
가다듬는 정신력도 중요하다. 아무리 영업 기술이 좋아도 머릿속
이 부정적인 생각으로 가득 차 있으면 좋은 성과를 낼 수 없기 때
문이다.

  고객 만나기를 두려워하거나 자신감이 없어도 성과를 못 내기는
마찬가지다. 미래에 대한 비전이 없어도 훌륭한 영업인으로 성장
할 수 없다. 결국 영업에서 성공하려면 미래에 대한 뚜렷한 비전을
품고, 긍정적이고 끈질긴 정신력으로 무장해야 가능하다. 정신력
을 강화하는 데 질문은 매우 쓸모 있는 도구다. 현재 머릿속에 어

떤 질문을 품고 있느냐에 따라 미래가 결정된다는 명제는 그래서 맞다.

2장 〈질문이 필요한 이유와 질문의 유형〉에서는 영업을 할 때 질문이 왜 필요한지, 영업에서 질문은 어떤 기능을 하는지, 성과를 높이려면 어떤 질문이 유용한지를 다루었다.

3장 〈질문으로 고객의 문제를 파악하라〉에서는 가망 고객을 발굴하는 방법과 가망고객과 친해지는 법, 가망고객의 상황과 문제를 탐색하는 질문법, 가망고객의 문제가 앞으로 어떤 영향을 미치는지를 고객 스스로 깨닫게 하는 질문법을 다루었다. 고객의 구매 욕구를 강화하는 데 필요한 질문법이다.

4장 〈질문으로 고객의 문제를 해결하라〉는 고객이 자신의 문제를 해결했을 때 얻을 수 있는 이익을 스스로 깨닫도록 하는 질문법

과 효과적인 상품 설명법, 거절하거나 망설이는 고객을 어떻게 대
응해야 하는지 알려준다.

　5장 〈고객관리와 소개판매로 영업에서 성공하라〉는 판매 후 고
객관리와 함께 매출이 높은 영업인으로 발돋움할 수 있는 소개판
매법을 일러준다.

　영업은 정신력과 기술력이 결합했을 때 좋은 성과를 낼 수 있다.
질문은 이 두 가지를 키우는 데 좋은 도구다. 아무쪼록 이 책을 읽
은 영업인이 모두 질문이라는 신형 무기를 장착하고 고객을 만나
좋은 성과를 이뤄내기를 바란다.

차례

The
Power
of
Question

1장

질문으로
운명을 개척하라

성공하는 영업인들은 아무리 어렵고 힘든 상황에서도

절대 포기하지 않고 긍정적인 질문을 한다는 공통점이 있다.

이들은 '어떻게 하면 이 위기를 이겨낼 수 있을까?'라고 질문하고,

마침내 그 답을 찾아낸다.

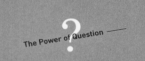
The Power of Question ——

1. 질문이 운명을 바꾼다

조선의 운명은 백척간두에 놓여 있었다. 왜(倭) 수군이 전라도 해안을 돌아 북상하여 한양을 집어삼키면 조선은 그날로 끝장이었다. 첩보에 따르면 왜 수군은 구월 열엿새 날 울돌목을 지나간다고 했다. 그 길목을 막아야 했다. 그런데 중과부적이었다. 겨우 12척으로 왜 수군 전선 113척을 막아낸다는 것은 계란으로 바위치기나 다름없기 때문이었다.

이순신의 고민은 깊었다. 잠을 이룰 수 없었다. 나라 운명이 자신 어깨 위에 있다고 생각하니 잠이 오지 않았다. '이 위기에서 조선을 구할 방도는 없을까?', '왜 수군을 쳐부술 방법은 무엇일까? 조선을 구할 방법을 찾으려고 그는 끊임없이 고민했다. 결국 숱한 질문과 궁리 끝에 드디어 답을 찾아냈다.

질문에는 반드시 답이 있게 마련이다. 이순신은 울들목 지형 특성과 바닷물 흐름에서 실낱같은 희망을 찾아냈다. 군사력 차이로만 보자면 백전백패할 수밖에 없지만, 이순신은 끊임없는 질문으로 답을 찾아냈고 결국 명량해전을 승리로 이끌었다. 질문이 조선의 운명을 바꿔놓았던 것이다.

만약 이순신이 '조선 임금과 중신들은 왜 이 모양인가?'라고 한탄하며 그런 상황을 만든 원인을 불평하고, '어디로 도망가야 내가 살 수 있을까?'라는 질문을 했다면 조선은 어찌 됐을까? 뻔하지 않은가. 이미 400여 년 전에 왜의 식민지가 됐을 것이다.

삼성전자 이기태 사장의 사례도 질문이 어떻게 개인과 회사의 운명을 바꿀 수 있는지를 잘 보여준다.

"나는 단순히 '최선을 다한다'가 아니라 '남다른 문제의식'과 '미래에 대한 고민'이 두 가지가 필요하다고 본다. 난 늘 '지금의 모습이 과연 최선일까? 하는 의문을 던지며 끊임없이 개선하려고 노력했다. 또 미래에 대해서도 자주 생각한다. 현장에서도 사무실에서도 그렇다. '앞으로 이 기술은 어떻게 발전할까?', '소비자들의 성향은 어떻게 달라질까?', '미래에 우리가 먹고살 상품은 무엇일까?'라고 질문한다. 내가 새로운 성과를 낼 수 있었다면, 바로 늘 그런 과정을 거쳤기 때문일 것이다."

이 사장의 모든 관심은 오로지 사업이다. 남들은 새로운 일을 경험할 때 '신기하다'는 반응을 보이지만, 그는 '이걸 어떻게 돈을 낳는 데 연결할까?에 골몰한다.

출처:〈조선일보〉

이처럼 '애니콜' 신화를 일궈낸 이기태 사장은 끊임없이 질문하며 답을 찾아냈다. 이런 과정이 있었기에 자신과 회사의 운명을 개척할 수 있었다. 이순신 장군과 이기태 사장처럼 어려운 상황에서도 긍정적인 질문을 하면 긍정적인 결과를 얻고 부정적인 질문을 하면 부정적인 결과를 얻는다. 어떻게 질문하느냐에 따라 운명을 바꿀 수 있다. 질문의 질에 따라 성공하는 삶을 살 수도 있고 실패하는 삶을 살 수도 있다는 뜻이다.

예를 들어 보겠다. '나는 왜 이 모양이지?'와 '또 다른 방법은 무엇일까?'는 어떤 일을 실패한 후에 할 수 있는 흔한 질문이다. 하지만 결과는 정반대다. 질문한 사람에게 미치는 영향력이 하늘과 땅 차이다. '나는 왜 이 모양이지?'라고 질문하는 사람은 더 이상 새로운 일을 시도할 에너지를 얻을 수 없다. 하지만 '또 다른 방법은 무엇일까?'라고 질문하는 사람은 실패를 기회로 여기고 끊임없이 도전한다. 질문으로 에너지를 얻는다. 그러므로 어떤 질문을 하느냐에 따라 실패 후 삶의 질이 바뀐다고 보면 틀림없다.

다음 질문을 보자.

· 그렇지, 내가 하는 일이 뭐 잘되는 게 있겠어?
· 내 주제에 무엇을 하겠어?

- 내가 하는 일은 왜 다 이 모양이야?
- 왜 하필 나지?
- 왜 하필이면 내가 이렇게 된 거지?
- 내 팔자는 왜 이래?

이렇게 부정적인 질문을 늘어놓는다면 앞으로 한 발자국도 내디 딜 수 없다. 실패한 그 자리에 몸과 마음을 꽂아 놓은 채 다른 시도 는 해볼 생각조차 할 수 없다. 그러나 긍정적인 질문을 하면 실패 후 내딛는 발걸음에 에너지가 넘친다.

- 이번 실패에서 내가 얻은 것은 무엇인가?
- 이 실패를 거울로 삼아 내가 할 수 있는 일은 무엇인가?
- 다른 방법은 뭐지?
- 다음에는 어떻게 하면 성공할 수 있을까?
- 더 좋은 방법은 뭘까?

이렇게 긍정적인 질문을 하는 사람은 절대 포기하지 않는다. 끊임 없이 질문하며 답을 찾고 결국 성공이라는 열매를 얻는다. 그러니 성공과 실패는 질문하는 태도에 달려 있다고 해도 과언이 아니다.

동기부여 강사 도로시 리즈(Dorothy Leeds)는 《질문의 7가지 힘》 (2016)에서 자신을 질문하기 좋아하는 사람이라고 소개하면서, 질문 덕분에 시대를 앞서갈 수 있었다고 말했다. 리즈는 어떤 질문을 했을까?

　내 인생에서 일어난 중요한 사건들은 대부분 질문을 한 결과였다. 나 스스로 대답을 구하는 질문을 할수록 결과는 점점 나아졌다. 많은 사람이 그렇듯, 처음부터 완벽한 직업을 찾은 것은 아니었다. 많은 직업을 섭렵했다. 한때는 뉴욕 시 공립학교 교사를 지내기도 했다. 가르치는 일을 아주 좋아했지만 뭔가 부족한 것 같은 기분을 느꼈다. 내가 원하는 것만큼이 아니었고, 뭔가가 더 있을 것이라고 느꼈다. '무엇이 부족한가?' 하고 계속 질문했다.

　나는 교사가 되기 전에 배우 생활을 했고 연기를 사랑했다. 하지만 그때도 역시 충분히 만족할 수 없었다. 완벽한 직업 찾기를 계속하면서 끊임없이 '어떤 직업이 내 적성에 맞을까?' 하고 질문했다. 지금까지 해온 일들은 모두 훌륭했지만 내 적성에는 맞지 않았다. 그래서 나는 구체적인 질문을 하기 시작했다. '나는 무슨 일을 하고 싶은가?', '과거에 해본 일 중에 마음에 드는 일은 무엇인가?', '나는 어떤 일에 재능을 갖고 있는가?' 오랫동안, 때로는 힘든 질문과정을 거친 후 마침내 나는 가르치는 일과 연기를 좋아한다는 것을 알았다. 다행히 나는 양쪽 분야에 재능이 있었을 뿐 아니라 실제로 그런 역할을 즐겼다. 그다음에는 '이 두 가지 재능을 어떻게 연결할 수 있을까?' 하고 물었다. 그래서 머리에 떠오른 직업이 전문 연사였다. 그때까지 나는 전문 연사가 되리라고 한번도 생각해 본 적이 없었지만 지금은 다른 일을 한다는 것은 상상조차 할 수 없다. 나는 내 직업에 만족하고 있고 나는 내 재능을 마음껏 발휘할 수 있는 매 순간을 사랑한다.

도로시 리즈뿐 아니라 성공을 이룬 이들은 질문으로 자신의 삶을 이끌었다. 질문하고, 답을 찾으려고 고민하지 않으면 어떻게 원하는 목표를 실현할 수 있겠는가.

《부자가 되려면 부자에게 점심을 사라》(2014)를 쓴 혼다 겐은 질문으로 부자가 된 사람이다. 어려서부터 '돈 버는 법'에 끌렸던 그는 성공한 사업가들 이야기에 관심이 많았다. 대학 시절 여러 분야에서 성공한 사람들을 꼭 만나보고 싶은 마음에 그들에게 편지를 썼다. 그리고 그들을 만나면 이런 질문을 했다.

· 선생님께서는 어릴 때 어떤 생각을 하셨습니까?
· 어떤 책이 도움이 됐습니까?
· 어떤 사람을 만나셨습니까?
· 인생의 목표는 무엇이었습니까?

혼다 겐은 그들과 만나서 얻은 교훈을 그대로 실천하면서 그들처럼 살려고 노력했다. 이런 과정에서 수많은 부자를 만나고 그들에게 질문하며 돈 버는 법을 배웠다. 그는 고백했다. "어떻게 질문하면 그들이 기쁘게 대답을 하는지 터득하게 되었다"고. 그는 질문하여 답을 얻고, 얻은 답 그대로를 실천으로 옮겼다.

이처럼 질문은 성장과 발전을 위해 매우 중요하다. 질문으로 미래목표와 계획을 세울 수도 있고, 질문으로 그것을 성취할 방법을 얻을 수도 있다. 질문은 자기 자신을 점검할 수 있는 기회를 제공하여 더 낫고 풍성한 삶을 살 수 있도록 이끌어 준다. 나쁜 질문은 당신을 후회와 절망으로 떨어뜨리고, 좋은 질문은 당신을 훌륭하게 이끈다. 그렇다면 좋은 질문은 대체 어떤 질문인가?

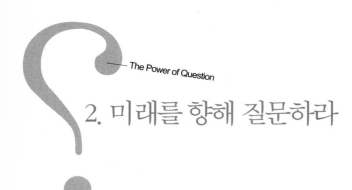

2. 미래를 향해 질문하라

자신의 소망을 구체적으로 신중하게 생각한 후에 그것을 질문으로 표현한
다면, 그 질문은 소망을 이룰 수 있는 길로 우리를 이끌어 준다. 가치 있는 삶
을 살기 위해서는 자기 자신에게 가치 있는 질문을 꾸준히 던져야 한다.

앤서니 라빈스(Anthony Robbins)는 《네 안에 잠든 거인을 깨워라》
(2008)에서 위와 같이 말했다. 그렇다면 자기 자신에게 가치 있는 질
문을 하려면 어떻게 해야 할까? 앤서니 라빈스는 다음 세 가지 질문
이 운명을 좌우한다고 말했다.

1. 어디에 관심을 둘 것인가?
2. 그것은 내게 무엇을 의미하는가?

3. 원하는 결과를 얻기 위해 무엇을 해야 하는가?

미래를 향해 질문할 때는 이렇게 세 가지 원칙이 있다. 이 원칙에 기초하지 않으면 목표를 달성할 수도 없겠지만 만약 어떤 성과를 내더라도 '성공했다'고 말할 수 없다. 의미도 없고, 보람도 없고, 행복할 수도 없기 때문이다. 목표를 달성했어도 만족감이 없고 그저 허탈감만 느낄 뿐이다. 자, 그럼 이 세 가지 원칙이 왜 중요한지 하나씩 살펴보도록 하자. 이 세 가지 가운데 가장 중요하며, 다른 두 질문을 이끌고 있는 질문은 '어디에 관심을 둘 것인가?' 다.

1. 어디에 관심을 둘 것인가?

사람은 관심 있는 쪽으로 행동하게 마련이다. 음악에 관심이 있으면 음악가가 된다. 사업에 관심이 있으면 사업가가 되고, 정치에 관심이 있으면 정치가가 될 가능성이 크다. 관심 있는 분야에 열정을 쏟는 사람이 인생을 재밌고 뜻있게 산다. 그리고 성공한다. 어릴 때 일찍 관심 있는 분야를 발견하여 그 분야에 집중하면 성공은 그만큼 빠르다. 조훈현, 이창호처럼 바둑에서 이름을 날린 사람들은 모두 어려서 자신의 재능과 관심 분야를 찾아냈다. 박태환이나 김연아 선수도 그렇다. 이들은 일찍이 재능 있는 관심 분야를 찾았을 뿐만 아니라 피나는 노력을 했다. 타고난 재주만으로는 그만큼 성공할 수 없다.

이미 성인이 되었다면 늦었을까? 그렇지 않다. 역사를 살펴보면 늦은 나이에 두각을 나타낸 위인도 많았다. 《인문의 숲에서 경영을 만나다2》(2008)는 늦깎이로 성공한 사람 몇 명을 다음과 같이 소개하고 있다.

고대 로마의 카이사르는 나이 마흔이 되어서야 접었던 무릎을 펴고 비로소 일어섰다. 고대 중국의 공자는 일찍이 정치에 뜻을 두었지만 높은 신분의 벽에 막혀 뜻을 이루지 못하다가 쉰이 넘어서야 겨우 노나라에 등용되었다. 초패왕 항우와 천하를 다퉈 한나라를 세운 한고조 유방도 나이 마흔이 가깝도록 시골 말단 관리가 경력의 전부였다. 그는 서른일곱에 거병하여 마흔다섯에 황제가 되었다. 한무제를 보필했던 공손홍은 돼지사육을 하다 마흔이 넘어 학문에 뜻을 두어 예순에 출사했고, 최고 직위인 승상 자리까지 올랐다.

소설가 박완서는 마흔이 되어서야 등단을 했으며 일흔이 넘어서까지도 왕성한 활동을 했다. 안토니오 스트라디바리는 여든셋의 나이에 최고의 바이올린을 만들었고, 빅토르 위고는 예순에 《레미제라블》을 발표했다. 그러니 나이 많음이 문제가 아니라 '어디에 관심을 둘 것인가?'라고 질문하지 않는 것이 문제다. 이 질문이 없으면 인생에 목표가 없다는 뜻이기 때문이다.

자, 이제 당신은 어떤가? 어렸을 때 꿈이 영업을 하는 사람이었을까? 영업에 관심을 둔 적이 한 번이라도 있었는가? 아마 없을 것이다. 영업을 꿈꾸지 않았지만 어찌어찌하다 보니 영업으로 길을 잡았을 것이다. 그럼 이제 영업을 접고 다른 일을 찾아야 할까? 그렇지 않다. 영업 분야의 성공을 최종 목표로 삼을 필요는 없다. 영업은 내 꿈을 찾아가는 징검다리가 될 수가 있고, 꿈을 이루는 수단이 될 수도 있다. 지금 영업에서 어느 정도 성과를 내고 있다면 영업에 재능이 있을 가능성이 많다. 그러면 영업을 지렛대로 삼으라. 영업에서 성공하면 당신의 꿈을 이룰 수 있다.

2. 그것은 내게 무엇을 의미하는가?

관심 분야를 찾았으면 그것이 내게 무엇을 의미하는지 질문해야 한다. 이 질문에 해답을 찾기 위한 한 가지 방법으로 '죽음 생각하기'가 있다. 죽는 순간에 내 인생이 보람 있었는지, 후회하지 않을 수 있는지를 생각한다면 의미 있는 인생을 살 수 있기 때문이다. 《성공하는 사람들의 7가지 습관》(2003)에서 스티븐 코비는 조용한 곳으로 가서 자기 자신의 장례식 장면을 상상해 보라고 권한다. 장례식에 참석한 자녀, 형제, 조카, 사촌, 친구들이 자신에게 뭐라고 말하는지 다음과 같이 질문해 보라는 것이다.

· 당신은 이 사람들이 당신 자신과 당신 삶을 어떻게 이야기해주기를 바라는가?
· 당신은 이들이 설문 조사에서 당신을 어떤 남편과 아내와 아버지 혹은 어머니였다고 말해주기를 바라는가?

- 당신은 어떤 아들과 딸과 혹은 사촌이었다고 평해 주기를 바라는가?
- 또 당신은 어떤 친구였다고 회상해 주기를 바라는가?
- 당신이 어떤 직장동료였다고 회상해 주기를 바라는가?
- 당신은 그들이 당신한테서 어떤 성품을 보았기를 바라는가?
- 당신은 자신이 지금까지 해 온 어떤 공헌이나 업적을 기억해 주기를 바라는가?
- 당신은 그들의 삶에 어떤 영향과 도움을 주고 싶었는가?

당신은 어떤 답을 얻을 수 있겠는가? 주변의 모든 사람들이 장례식에 와서 당신의 죽음을 애도할 것이라 생각하는가, 아니면 마지못해 와서 당신 영정을 보고 욕을 할 것이라 생각하는가. 당신 자식과 조카, 후배들은 당신 삶에서 교훈을 얻고 당신 삶을 본받겠다고 다짐하리라 생각하는가, 아니면 당신과 같은 삶은 살지 않겠다고 결심하리라 생각하는가.

티베트에서 중남미 지역에 이르기까지 지역을 막론하고 대다수 종교에서 인생의 지혜를 깨달은 사람들이 우리에게 전하는 잠언이 있다. 그것은 죽음을 자신의 상담자로 삼으라는 것이다. 이런 충고를 언뜻 섬뜩하게 느낄지도 모르지만, 사람을 아주 자유롭게 해준다.

죽으면 다 끝나는데 무슨 소용 있느냐고 생각하는 사람도 있을 것이다. 당신이 그런 사람이라면 지금 당장 이 책을 덮어라. 더 이상

읽을 자격이 없다. 이런 사람은 살아 있어도 쓸모없는 사람이다. 그러나 당신 인생이 보람 있고 영향력 있는 삶이었다면 죽은 뒤에도 여전히 큰 영향력을 행사한다. 많은 사람이 당신에게서 용기를 얻고 삶의 지혜를 얻는다. 우리도 이미 고인이 된 수많은 위인에게서 영향을 받고 있지 않은가.

3. 원하는 결과를 얻기 위해 무엇을 해야 하는가?

1번과 2번 질문의 제대로 답을 찾았다면 다음은 원하는 결과를 얻기 위해 무엇을 할지 질문해야 한다. 심리학자인 셸리 테일러(Shelly Taylor)와 연구팀은 중간고사를 준비하거나 스트레스가 많은 상황에 대처해야 하는 학생들을 대상으로 미래에 일어날 일을 마음속으로 그려보는 실험을 했다. 그 결과, 실험을 할 때 원하는 목표를 성취하기 위해 '필요한 일들에 초점'을 둔 쪽이 '원하는 결과에만 초점'을 둔 쪽보다 수행능력을 더욱 많이 향상할 수 있다는 사실을 발견했다.

좋은 성적을 얻거나 긴장 상황에 대처하기 위해 밟아야 하는 '과정'을 떠올려본 사람들이 좋은 성적을 얻는 상상이나 스트레스가 줄어드는 상상을 한 사람보다 더 나은 결과를 얻었다. 최종 결과보다 목표를 성취하는 과정에 초점을 둘 때 성공할 확률은 더욱 높아진다. 맞는 말이다. 원하는 바를 그냥 바라기만 하면 이룰 수 없지 않은가. 원하는 결과를 얻기 위해 무엇을 할지 구체적으로 계획을 세우는 일은 그래서 중요하다.

당신은 목표를 세우고 영업을 하는가? 당신은 영업 목표를 달성할 구체적인 계획을 가지고 있는가? 당신은 언제까지 그 목표를 달성할 것인지 정해놓았는가? 이 세 가지 질문에 "예"라고 답을 할 수 있다면 나는 당신의 성공을 보증하겠다.

어디에 관심을 둘지, 그것이 무엇을 의미하는지, 무엇을 어떻게 할지를 질문하지 않으면, 그냥 강물에 몸을 맡기고 흐르는 대로 떠내려가는 삶을 사는 것과 같다. 장애물이 나타나거나, 예기치 못한 일이 일어났을 때 자신을 보호하고 방어할 능력도 없이 그냥 그렇게 살아갈 수밖에 없다. 이런 사람에게 성공은 어림없다. 평범한 생활은커녕 자기 몸조차 온전히 지탱하기 힘들다. 노숙자가 되든지 빌어먹든지 둘 중 하나다.

지금 이 시간 잠시 책을 덮고 미래 운명을 결정할 세 가지 질문에 대한 답을 진지하게 찾아보자.

1. 어디에 관심을 둘 것인가?
2. 그것은 내게 무엇을 의미하는가?
3. 원하는 결과를 얻기 위해 무엇을 해야 하는가?

시간이 얼마가 걸리더라도 답을 찾아야 한다. 그리고 〈표 1-1〉에 적어보라. 한 가지만 적지 말고 생각나는 대로 모두 적어보자. 이 세 가지 질문에 답을 얻지 못하면 이 책은 의미가 없다. 질문 방법을 배운다고 해서 성공이 보장되지는 않는다. 당신이 직접 실천해 보는 자세가 중요하다. 세 가지 질문에 명확한 답을 찾았다면 지금부터 당신이 할 일은 실천뿐이다.

〈표 1-1〉 미래를 위한 질문

어디에 관심을 둘 것인가?	그것은 내게 무엇을 의미하는가?	원하는 결과를 얻기 위해 무엇을 해야 하는가?

3. 끈질기게 질문하라

엄태흥은 기타를 만드는 사람이다. 그는 우리나라 기타 장인 1호인 아버지한테서 기타 만드는 법을 배웠다. 1970~80년대 기타가 유행하면서 큰돈을 벌었지만 늘 뭔가 아쉬웠던 그는 정말 좋은 명기를 만들고 싶었다. 그가 '나 죽고도 남을 악기를 만드는 법'을 찾기 위해 끈질기게 질문한 이야기가 〈조선일보〉에 실렸다.

'어떻게 할까?', '정말 이름 있는 악기를 만들려면 어떻게 해야 할까?'를 고민하던 그는 독일에서 기타를 만들고 있는 일본인 가즈오 사토를 찾아갔다. 그에게 3개월 동안 기타 만드는 법을 배우고 온 엄태흥은 배운 대로 기타를 만들었다. 사람들은 기타에서 사토의 소리가 난다고 했다. 배운 대로 했으니 그럴 수밖에 없었다. 하지만 엄태흥은 허전했다. 그것은 사토의 기타지 엄태흥의 기타가 아니었기 때문이었다. 자존심이 상했다. 그때부터 엄태흥의 목표는 엄태흥표 기타를 만드는 것이었다.

'어떻게 하면 엄태흥표 명기를 만들 수 있을까? 그는 해결책을 찾을 때까지 끈질기게 질문을 던졌다. 처음부터 다시 공부하기 시작했다. 미친 듯이 공부했다. '어떻게 하면 엄태흥표 명기를 만들 수 있을까? 를 끈질기게 물고 늘어졌다. 대량 생산으로 기타를 만들어 팔면 그런대로 먹고살 수 있겠다는 생각은 집어치웠다. 1년에 1대를 만들더라도 자신의 기타를 갖고 싶은 욕심은 점점 불타올랐다.

'어떻게? 어떻게? 라고 끈질기게 질문하며 노력했다. 2000년대 초에는 단 1대도 만들지 못했다. 어디가 잘못됐는지 알 수가 없었다. 답답했다. 그러나 어찌된 영문인지 모르게 2002년이 되자 자신의 기타가 만들어졌다. 지금 엄태흥은 기타 만드는 모든 과정을 수작업으로 하여 1달에 1대만 만든다. 가격은 500만 원. '나 죽고도 남을 악기를 만드는 법' 을 찾기 위해 끊임없이 질문하고 답을 얻은 결과다.

또 하나의 사례를 보자

스티븐슨은 탄광에서 일하는 기관사였다. 당시 탄광에서 수레를 끄는 일은 말[馬]이 했는데, 비용이 많이 들었다. 스티븐슨은 증기기관을 갱도에 설치하여 수레를 끌게 했다. 덕분에 탄광에서 필요한 말이 100필에서 15필로 줄었다. 스티븐스에게 질문이 생겼다.

'증기기관으로 석탄만 옮길 게 아니라 사람과 화물도 실어 나르면 어떨까? 그러면 시간과 비용을 많이 줄일 수 있지 않을까?

이 질문에 답을 얻으려고 스티븐스는 열심히 연구한 끝에 1814년 드디어 증기기관차를 만들어냈다. 그런데 속도가 너무 늦었다. 시속 6.5킬로미터밖에 안 되니 사람이 한 시간 동안 빨리 걷는 속도와 큰 차이가 없었다. 외관도 별로 근사해 보이지 않았다. 부품을 아무렇게나 조립한 탓에 조잡하고 투박해 보였다. 사람들은 모두 한마디씩 했다. 아무 쓸모없다고. 특히 철도를 경쟁자로 생각한 운하 회사들의 비난이 거셌다. 그들은 철도를 비난하는 책과 신문을 찍어 사람들에게 마구 뿌렸다.

하지만 스티븐스는 좌절하지 않았다. 그는 '어떻게 하면 빠른 증기기관을 만들 수 있을까?'라고 계속 질문했다. 그는 질문하며 새롭게 만들어보고, 질문하며 다시 만드는 일을 반복했다. 결국 처음으로 증기기관차를 만든 지 15년 만에 최대 시속 47킬로미터를 달릴 수 있는 증기기관차를 만들어냈다. 문제를 해결하려고 끊임없이 질문한 결과였다.

신병철이 쓴《통찰의 기술》(2008)에 나오는 이 이야기는 왜 우리가 끈질기게 질문해야 하는지를 잘 보여준다.

메가스터디 엠베스트 김성오 대표의 끈질긴 질문 습관도 배울 만하다. 김성오 대표는 평소 끈질기게 질문하고 고민하며 창의적인 답을 찾아내고 발상을 전환하여 마산 변두리에 있던 작은 약국을 기업형 약국으로 키워냈다. 다음은 그가 쓴《육일약국 갑시다》(2013)에 나오는 에피소드다.

나는 어릴 때부터 호기심이 많은 편이었다. 천성인지 모르지만 지금까지도 주변 일들에 관심을 기울이며 나 자신에게 '왜 그럴까?' 하는 질문을 자주 던진다. 사업 때문에 한창 비행기를 이용할 때였다. 공항을 자주 들락거리다 보니 예전에 미처 알지 못했던 것들이 눈에 띄기 시작했다. 그중에서도 나의 호기심을 자극한 것은 '비행기의 이·착륙방향'이었다.

처음에는 생각지 못했는데, 어느 날부터인가 비행기 이·착륙 방향이 다르다는 사실을 느꼈다. 여러 차례 유심히 관찰한 결과, 같은 공항에서 같은 곳으로 출발하는데도 때마다 비행기 이·착륙 방향이 달랐다. 이륙을 기다리며 비행기 좌석에 앉아 곰곰이 생각해보니 '풍향'과 관계가 있을 것 같았다. 연이나 종이비행기도 바람 방향을 보고 날리지 않던가. 비행기 같은 큰 덩치를 정지하려면 바람이 불어오는 쪽, 즉 맞바람 방향으로 착륙해야 비행기가 안전할 것 같았다. 그리고 얼마 후, 우연찮게 비행기 이·착륙 방향이 풍향과 깊은 연관이 있다는 사실을 알게 되었다. 내가 추측했던 것과 같은 원리였다.

호기심이 많은 사람은 똑같은 것을 봐도 그 속에 숨은 원리를 상상하고 또 질문한다. 의구심이 생기면 그것이 해결될 때까지 생각하고 찾아보며 끝내 원하는 답을 얻어낸다. 아무리 사소한 것이라도 끊임없이 생각하고 탐구하는 자세는, 남다른 경쟁력을 갖추는 데 중요한 역할을 한다.

손님이 다 빠져나간 어느 저녁, 건너편 도로에 서서 불이 켜진 약국을 바라보았다. 손님 없는 작디작은 약국은 어둠이 내리자 더욱 한산해 보였다.

"이래가꼬 사람들 눈에 띄기나 하것노?"

의구심이 들기 시작했다. 일부러 조금 더 멀리 걸어가, 약국을 바라보았다.

그리 멀어진 것도 아닌데, 어둠에 묻힌 약국은 신경 쓰지 않으면 찾을 수 없었다. 확인할 것이 있었다. 조금 더 멀리 걸어가 약국을 바라보았다. 역시 약국은 물론 그 주변조차 전혀 보이지 않았다. 가뜩이나 작은 약국이다. 밤낮을 가리지 않고 잘 보여야 사람들이 인식할 것이 아닌가. 평수를 늘릴 형편도 아니었다. 다른 방법을 찾아야 했다.

나는 약국을 시작하면서부터 손님이 약국을 찾게 하는 요소와, 손님을 내쫓는 요소들을 나열해 보았다. 좋은 것은 바로 실천하며 꾸준히 지속한 반면, 부정적인 요소들은 빠른 시일 안에 없애기 위해 노력했다. 어두워서 눈에 띄지 않는다면 밝게 만들어야 한다.

이왕 밝히는 불, 멀리서도 잘 보일 수 있도록 '아주 환하게' 만들기로 마음먹었다. 그 당시 약국은 40와트 형광등 6개 정도면 충분한 공간이었다. 그러나 일부러 25개의 형광등을 주문하고 설치했다.

"약사님요, 이 콧구멍만한 약국에 뭐 볼 게 있다고 이리 많은 전구를 설치하시는교? 여기 25개가 다 들어 갈 수나 있을까 모르겠습니더. 전기세 억수로 나올 텐데예."

형광등을 설치하는 기사는 도저히 이해를 못 하겠다며 고개를 저었다. 그의 말이 아주 틀린 것도 아니었다. 형광등 25개가 그 좁은 천정에 간신히 들어섰기 때문이다. 하지만 나는 잘 설치해달라며 웃었다.

그날 저녁, 약국은 눈이 부셨다. 특히 밖에서 바라본 약국은 어제와 달랐다. 조금만 멀어져도 보이지 않던 약국이 대낮같이 환한 빛으로 멀리서도 반짝였다. 공간이 작다보니 마치 별처럼 반짝였다. 지나가는 행인들 시선이 저절로 약국으로 돌아왔다. 이웃 가게들과 확실한 차별성이 생긴 것이다. 손님들의 반응도 폭발적이었다.

"와~ 쥑이네예. 약국 덕분에 동네가 환해졌다 안 함니꺼."

"약사님요. 약국이 이리 환하니 왠지 시원하게 낫게 해줄 것 같습니더."

한 달 후, 형광등 설치 기사의 걱정대로 지난달에 비해 전기요금이 무려 20만 원이나 추가 됐다. 하지만 조금도 아깝다는 생각이 들지 않았다. 밤이 깊을수록 약국은 더욱 눈에 띄었고, 손님들도 만족했기 때문이다. 구석구석 빼곡히 정돈된 약을 찾아내기도 훨씬 쉬워졌다. 그리고 얼마 지나지 않아 월 매출이 1백만 원 정도 증가했다. 20만 원 투자로, 다섯 배 이득을 본 것이다. 어느덧, 육일약국은 교방동의 밤을 밝혀주는 이정표가 되었다.

다음은 김성오 대표의 말이다.

"나는 약국을 찾는 이들을 보며 '지금 저 사람에게 필요한 것은 무엇일까'를 끊임없이 생각했다. '무엇을 줄 수 있을까'를 생각하다 보면 아무리 어려운 상황에서도 나눌 것이 생긴다. 나는 손님들에게 기쁨을 주기 위해 노력했다. 기쁨을 느낀 고객은 반드시 나를 찾기 때문이다. 어떤 때는 상대방 눈치를 봐가며 어떻게 하면 그가 기뻐할까 고민도 했다."

영업인이 가슴에 새겨야 할 교훈이다.

김성오 대표는 사업 성공 비결을 묻는 사람에게 꼭 해주는 말이 있다. 사람 마음을 얻는 3단계 생각이다. 그는 손님이 와서 약을 사서 나가면 그 손님 뒷모습을 보면서 이렇게 질문했다.

· 오늘 저 사람이 나를 통해서 만족했을까?

· 저 사람이 다음에 다시 올까?

· 저 사람이 다음에 올 때 다른 사람까지 데리고 올까?

이런 질문을 끊임없이 하며 그는 오는 손님에게 최대한 잘했다. 김성오 대표는 이런 마음으로 손님을 대하자 손님들이 자기를 선택했다고 말한다.

모든 질문에는 답이 있다. 다만 우리가 그 답을 찾지 못할 뿐이다. 답을 찾는 과정이 어려울 수도 있다. 그러다 보니 도중에 포기하고 만다. 답이 저 언덕 뒤에 숨어 있으니 여기서는 답이 보이지 않는다. 그 언덕을 넘을 힘이나 끈기가 없으면 답을 찾을 수 없다. 그래서 성공한 사람들은 기본적으로 끈질기다. 어느 한 분야에서 대가를 이룬 사람들 이야기를 들어보면 끈질김은 기본이다. 금방 쉽게 포기하는 사람들은 쉬운 일만 성취할 뿐이다.

영업도 마찬가지다. 좋은 성과를 내어 고소득을 올리는 영업인은 쉽게 포기하지 않는 끈질김이 있다. 장애를 만났을 때 그 문제를 해결하려고 끈질기게 질문한다. 영업 달인은 거절을 실패로 보지 않으며, 새로운 영업 기술을 배울 수 있는 학습 기회로 여긴다. 실패를 되씹으며 '어떻게 하면 다음에 성공할 수 있을까?'라고 질문한다.

《실패에서 성공으로》(2005)에는 미국 프로야구의 전설적 홈런왕인 베이브 루스의 이야기가 나온다. 그는 평생 714개 홈런을 쳤지만 그 두 배에 가까운 1,330번을 삼진아웃 당했다. 실패를 두려워하지 않는 정신이 없었다면 불가능한 기록이다. 보통 야구 선수들은 타율이 3할을 넘어서면 실력 있는 타자로 인정받는다. 타율 3할이라는 게 뭔가. 타석에 10번 들어서서 7번 실패하고 단지 3번 성공했을 뿐 아 닌가.

미국 프로야구 메이저리그에서 활약한 일본인 타자 스즈키 이치 로는 10년 연속 200안타라는 대기록을 세운 바 있다. 이런 기록은 메이저리그 역사상 처음이라는데, 그의 평균타율은 3할 1푼 3리다. 이는 10번 타석에 들어가 3~4번 안타를 친 결과다. 그는 9,929번 타 석에 들어가서 6,840번 실패하고 3,089번 안타를 쳤다. 실패가 성공 보다 두 배 이상 많다.

영업도 확률 게임이다. 어떻게 만나는 모든 고객에게 판매할 수 있겠는가. 앞에서 이야기한 홈런왕 베이브 루스는 영업인에게 한 가지 교훈을 더 주었다. "당신은 극심한 슬럼프에 빠졌을 때 어떻게 합니까?"라는 질문을 받았을 때 베이브 루스는 이렇게 답했다.

나는 그 자리에서 계속 배팅을 합니다. 나는 배팅을 계속하면, 다른 사람에 게 적용되는 평균율 법칙이 나에게도 적용된다는 사실을 압니다. 한 경기에 서 두 번이나 세 번 스트라이크 아웃을 당하거나 일주일 내내 안타를 치지 못한다고 해서, 왜 걱정을 해야 합니까? 걱정은 투수들이 하는 거죠. 그들은 머지않아 시련을 맞을 테니까 말이죠.

이런 배짱이 영업인에게도 필요하다. 영업은 야구 선수만큼이나 실패가 많다. 축구 선수의 슈팅처럼 골문을 벗어날 때가 많다. 《한국의 영업왕 열전》(2008)에 나오는 보험왕 이경의 고백은 거절에 절망하는 영업인에게 좋은 본보기다.

> 보험업계에서 저만큼 많이 돌아다닌 사람은 없을 거예요. 그러다 보니 저보다 거절을 많이 당한 사람도 없을 테지요. 하루에 대략 서른 군데를 방문하거든요. 그러면 평균 세 곳 정도를 건지게 됩니다. 하루에 스물일곱 번 거절당하게 되는 것이지요. 게다가 건졌다고 해도 그것이 계약 세 건으로 바로 이어지는 것은 아닙니다. 그 세 건이란 결국 계약 가능성이 있는 업체 세 곳을 말하는 것입니다.

이경은 처음 영업을 시작할 때 확신이 없었다. 그는 딱 3개월 정도 열심히 일한 후에 안 되면 미련 없이 떠나겠다고 마음먹었다. 3개월 동안 명함 1,500장을 썼다. 하루 평균 열 명꼴로 새로운 사람을 만나러 다녔다. 2달 후부터 계약이 쏟아졌고, 신인상을 수상했다.

야구 선수는 삼진아웃을 당했더라도 다음 타석에 들어가야 한다. 삼진아웃에 마음을 쓰며 타석에 들어가면 또 삼진아웃을 당할 가능성이 크다. 방금 전 실패는 잊어버리고 새로운 마음으로, 이번에는 안타를 치겠다는 각오로 타석에 들어서야 안타를 칠 수 있다. 영업도 마찬가지다. 판매에 실패했을 때 그 원인을 따져보고, 부족한 영업 기술이 무엇인지 발견하여 배우고 익히는 기회로 삼아야 한다. 이때 필요한 도구가 질문이다. 그러므로 당신이 영업으로 성공하려면 끈질기게 질문하여 답을 찾는 자세가 필요하다.

끈질기게 질문하여 드디어 답을 찾아냈어도 '그다음'이 없으면 질문은 헛수고나 다름없다. 질문으로 얻은 답은 '갈 길'이나 '할 일'을 알려줄 뿐이지 자동으로 결과를 가져다주지는 않기 때문이다. '그다음'이란 결단을 하고 원하는 결과를 얻기 위한 실행을 의미한다.

끈질긴 질문으로 얻은 답을 실현하려면 주도적인 자세가 무엇보다 중요하다. 주도적인 자세란 이런저런 상황이나 환경에 휘둘리지 않고 내가 가기로 한 그 길을 꿋꿋이 가는 태도를 말한다. 영업을 하다 보면 장애물이 있기 마련이다. 그 장애물에 걸려 넘어지더라도 다시 일어서야 탁월한 성과를 내는 영업인이 될 수 있다.

4. 긍정적으로 질문하라

서울대학교 지구환경과학부 이상묵 교수는 목 아랫부분부
터 발가락 끝까지 아무런 감각을 느끼지 못한다. 지난 2006년 미국
캘리포니아 공과대학(칼텍)과 공동으로 진행한 미국 야외지질조사
프로젝트를 수행하던 중 차량이 뒤집히는 사고를 당해 전신마비가
됐다. 목 아래로는 주사를 맞아도 통증이 없다. 잠자는 사이 두 다
리를 잘라가도 알지 못할 정도다. 교수로, 학자로 잘 나가던 그는 한
순간에 그렇게 됐다. 만약 그때 이 교수가 '난 이제 끝났군. 이제 내
가 뭘 할 수 있겠어?'라고 질문했다면 어떻게 됐을까.

그러나 이상묵 교수는 '무엇을 할 수 있을까?'라고 질문했다. 그가
사고 6개월 만에 교단에 서서 학생들을 가르칠 수 있는 힘은 이런
긍정적인 질문에서 나왔다. 그는 비록 자신이 사고를 당해 장애를

입었지만 다시 재기해 활동하는 데 필요한 부분은 하늘이 가져가지 않았다고 생각했다. 정상인처럼 이야기할 수 있는 것만으로도 자신은 큰 행운아라고 생각했다. 그는 남들과 다른 길로 가는 것을 두려워하지 않았다. 그 덕에 그는 예전과 마찬가지로 지금도 자기는 하늘이 내린 행운을 누리고 있다고 생각한다.

이상묵 교수가 쓴 《0.1그램의 희망》(2008)에는 사고 당시부터 지금까지 그가 어떤 심리적인 변화를 거쳤는지 잘 나와 있다. 처음에는 그도 부정적인 질문들을 남발했다. '이거 각본대로 맞아? 어떻게 지금까지 잘 오다가 나를 무대에서 끌어내리는 거야?', '이럴 거였으면 애당초 이 길을 걸어오지 않았지. 아니 말렸어야지. 다 걸어오게끔 해 놓고 중간에 이렇게 하차시키는 것이 원래 계획이었어?'라며 하늘을 원망하는 질문을 했다. 그러나 그는 몇 개월 동안 재활치료를 받으며 질문의 수준을 높였다. '앞으로 내가 어떻게 살아가면 될까?', '나는 남을 위해 어떤 봉사를 할 수 있을까?', '이 기회가 나에게 무슨 의미가 있을까?', '어떻게 하면 이 위기를 이겨내고 다시 학교로 돌아가 학생들을 가르칠 수 있을까?'라고. 이상묵 교수는 이렇게 스스로 질문을 던지고 답을 구했다. 이 교수는 '하늘이 모든 것을 가져가시고 희망이라는 단 하나를 남겨 주셨다'고 했다.

사고 후 부정적인 질문으로 부정적인 답을 얻었다면 그는 실망과 좌절에서 헤어나오지 못했을 것이다. 하지만 그는 '0.1그램의 희망'을 갖고 늘 긍정적인 마음을 잃지 않았다. 그리고 '무엇을 할 수 있을까?'를 질문하며 답을 찾아나갔다. 이 교수는 긍정적인 질문이 부정적인 상황을 어떻게 바꿔놓는지를 우리에게 잘 보여준다.

　다산 정약용(1762~1836)은 부정적인 상황을 긍정으로 바꾼 대표적인 인물이다. 정약용은 마흔한 살에 강진으로 유배를 갔다. 이전까지는 정조의 총애를 받으며 승승장구했다. 정조가 죽자 노론 세력들은 남인들을 몰아내기 위한 수단으로 천주교를 탄압했다.

　그런 와중에 다산은 황사영 백서 사건(1801)에 연루됐다. 정약용에겐 너무 어이없고 억울한 일이었다. 황사영 백서 사건이란 조선에서 천주교 박해가 심해지자 정약용의 조카사위인 황사영이 중국 연경에 있는 주교에게 탄원서를 써서 보내려다 발각된 사건이다. 정약용을 비롯한 남인 세력을 축출할 수 있는 좋은 기회로 여긴 노론 세력은 이 사건에 억지로 정약용, 정약전 형제를 끼워 넣었다.

　그 당시 천주교 박해로 100여 명이 처형되고 400여 명이 유배형을 당했다. 이때부터 정약용은 18년 동안 긴긴 유배생활을 시작한다. 언제 사약을 받을지 모르는 두려움, 계속되는 감시와 박해 속에서 그는 600여 권에 달하는 방대한 저술을 남긴다. 그의 연구 업적이 어떤 의미가 있는지 정민 교수는《다산 선생 지식경영법》(2006)에서 이렇게 설명하고 있다.

　　나는 다산의 작업 과정을 훔쳐보면서, 그의 사고가 너무나 현대적이고 과학적이고 논리적인 데 놀랐다. 나만 놀란 것이 아니라, 그가 20여 년 만에 자신의 성과를 들고 귀양지에서 서울로 돌아왔을 때, 당대의 학자들도 놀랐다. 놀라다 못해 경악했다.

다음은 다산이 한 말이다.

나는 바닷가 강진 땅에 귀양을 왔다. 그래서 혼자 생각했다. 어린 나이에 배움에 뜻을 두었지만 스무 해 동안 세상길에 잠겨 선왕의 큰 도리를 다시 알지 못했더니 이제야 여가를 얻었구나. 그러고는 마침내 흔연히 스스로 기뻐하였다. 그리고 육경과 사서를 가져다가 골똘히 연구하였다.

(중략)

경계하고 공경하여 부지런히 노력하는 동안 늙음이 장차 이르는 것도 알지 못했다. 이야말로 하늘이 내게 주신 복이 아니겠는가?

그는 성과 대부분을 강진에서 유배 생활하는 고초 속에서 이루어 냈다. 한 사람이 뜻을 세워 몰두하면 못할 일이 없다는 사실을 몸으로 실천해 보였다. 작업에 몰두하느라 바닥에서 떼지 않았던 복사뼈에 세 번이나 구멍이 났다. 치아와 머리카락도 다 빠졌다. 정민 교수는 20년 가까운 오랜 귀양살이는 다산 개인에게는 절망이었으나, 조선 학술계를 위해서는 벼락같이 쏟아진 축복이었다고 평가했다. 뿐만 아니라 그는 많은 제자를 길러 냈다. 만약 그가 인생을 자포자기하고 허송세월로 시름을 달랬다면 우리는 다산을 기억하지 못할 것이다.

똑같은 영업을 하면서도 어떤 사람은 비전이 없다고 떠나고, 어떤 사람은 비전을 품고 남는다. 왜 이런 현상이 생기는 걸까. 질문이 다르기 때문이다. 떠나는 영업인은 대개 부정적인 질문을 한다. 다음과 같은 질문이다.

- 내가 왜 이 고생을 하지?
- 우리 회사는 지원이 왜 이리 적어?
- 다른 회사보다 판매수수료가 적은 이유가 도대체 뭐야?
- 적성에도 안 맞는 일을 내가 왜 계속해야 하나?
- 어디 쉽게 돈 버는 방법은 없나?

이처럼 부정적인 영업인은 실패할 수밖에 없는 질문을 한다. 질문의 초점을 문제에 맞추고 불평만 한다. 그러나 문제의 원인을 비난하고 불평한다고 문제가 해결될까? 아니다. 이렇게 부정적인 질문만을 계속하면 열정은 식고 비전은 사라져 더 이상 영업을 할 수 없다. 이런 사람은 다른 일도 잘하지 못한다. 어디서 무슨 일을 하든 늘 불평불만을 일삼다 이내 포기하기 때문이다. 이런 사람은 동료들 열정까지 떨어뜨린다.

반면 탁월한 성과를 내는 영업 달인들은 다음과 같은 긍정적인 질문을 많이 한다.

- 이 제품을 판매하려면 누굴 만나야 하지?
- 판매할 수 있는 더 좋은 방법은 뭐지?
- 어떻게 하면 고객을 설득할 수 있을까?
- 어떻게 해야 고객이 기뻐할까?

· 우리 팀장은 판매를 잘하는데 그 비결이 뭘까?

· 판매기법을 향상하려면 어떻게 해야 할까?

· 시간을 효율적으로 사용하려면 어떻게 계획을 세우지?

성공한 영업인은 이와 같이 성공할 수밖에 없는 긍정적인 질문을 많이 한다. 그래서 열정이 있다. 결코 상황에 구애받지 않는다. 문제가 발생하면 '어떻게 해결할 것인가'에 초점을 맞춘다.

5. 먼저 자신에게 질문하라

자신에게 질문하라는 말은 곧 생각하라는 뜻이다. 무슨 일을 하든지 생각 없이 열심히만 해서는 좋은 성과를 얻을 수 없다. 영업인이 무턱대고 고객을 많이 만난다고 좋은 성과를 얻을 수 있을까? 결코 그렇지 않다. 다음에 나오는 몇 가지 질문을 당신 자신에게 해보라. "예"라고 자신 있게 답할 수 있다면 당신은 이미 영업 달인이다.

1. 나는 지금 하는 일에 몰입하고 있는가?

몰입. 당신도 한 번쯤은 경험해 봤을 것이다. 혹시 화투를 쳐 본 적이 있는가? 밤을 꼬박 새며 화투에 얼마나 집중하였는가. 처음 운전할 때를 기억해보라. 온통 신경을 곤두세우고 오로지 앞만 보고 주변 풍경은 감상할 겨를도 없었을 것이다. 컴퓨터 앞을 떠나지 못하고 시간 가는 줄 모르는 자녀와 싸워본 적이 있는가. 책 앞에서는 30분도 못 견디는 자녀가 컴퓨터 앞에서는 시간 가는 줄 모르고 앉아 있지 않던가. 이게 바로 몰입이다. 어떤 일에 푹 빠져 시간 가는 줄 모르는 상태, 자나깨나 그 일만 생각하고, 아예 미쳐버린 상태. 그 몰입의 단계에 들어갈 수 있다면 누구나 자기 분야에서 높은 성과를 낼 수 있다.

우리 조상들이 책읽기를 좋아했다고 하지만 김득신(金得臣, 1604~1684) 만한 사람도 없을 것이다. 그의 독서 몰입은 그가 책을 읽으며 횟수를 적어 놓은 《독수기(讀數記)》에 잘 나타나 있다. 1만 번 이상 읽은 책만 모두 36권이나 된다. 다음은 《독수기》의 일부다.

《백이전(佰夷傳)》 11만 3천 번을 읽었고, 《노자전(老子傳)》, 《분왕(分王)》, 《벽력금(霹靂琴)》, 《주책(周策)》, 《능허대기(凌虛臺記)》, 《의금장(衣錦章)》, 《보망장(補亡章)》은 2만 번을 읽었다. 《제책(齊策)》, 《귀신장(鬼神章)》, 《목가산기(木假山記)》, 《제구양문(祭歐陽文)》, 《중용서(中庸序)》는 1만 8천 번 … 갑술년(1634)부터 경술년(1670) 사이에 《장자》, 《사기》, 《대학》과 《중용》은 많이 읽지 않은 것은 아니나, 읽은 횟수가 만 번을 채우지 못했기 때문에 《독수기》에는 싣지 않았다. 만약 뒤의 자손이 내 《독수기》를 보게 되면, 내가 책 읽기를 게을리 하지 않았음을 알 것이다

김득신은 기억력이 매우 안 좋은 사람이었다고 한다. 그는 자신의 단점을 알고 평생 언제 어디서나 책을 손에서 놓지 않았다. 그는 선비로서 책 읽기에 게으르지 않은 것을 자랑스러워했으며 이 사실을《독수기》에 남겨 후손의 귀감이 되도록 했다. 김득신의 독서 몰입을 평가하며 이서우(李瑞雨, 1633~1709)가 쓴 글은 우리에게 큰 교훈을 준다.

대저 사람은 자기 자신을 가벼이 여기는 데서 뜻이 꺾이고, 이리저리 왔다 갔다 하느라 학업을 성취하지 못하며, 마구잡이로 얻으려는 데서 이름이 땅에 떨어지고 만다. 공은 젊어서 노둔하다 하여 스스로 포기하지 않고 독서에 힘을 쏟았으니 그 뜻을 세운 자라 할 수 있다. 책 한 권 읽기를 억 번 만 번에 이르고도 그만두지 않았으니, 마음을 지킨 사람이라 할 수 있다. 작은 것을 포개고 쌓아 부족함을 안 뒤에 이를 얻었으니 이룬 사람이라고 할 수 있다.

아! 어려서 깨달아 기억을 잘한 사람은 세상에 적지 않다. 날마다 천 마디 말을 외워 입만 열면 사람을 놀라게 하고, 훌륭한 말을 민첩하게 쏟아내니, 재주가 몹시 아름답다 하겠다. 하지만 스스로 저버려 게으름을 부리다가 어른이 되어서는 그만두어버리고, 늙어서는 세상에 들림이 없으니, 공과 견주어본다면 어떠하겠는가?

김득신은 '끝이 무디다 보니 구멍을 뚫기가 어려울 뿐, 한 번 뚫리게 되면 뻥 뚫리게 되는 이치'를 우리에게 보여주고 있다. 일을 하다 중도에 포기하는 사람의 공통점은 일에 몰입하지 않았다는 것이다. 포기하는 사람들 대부분이 자신의 일에 집중하지 않고 설렁설렁 하면서도 "힘들다", "운이 없다"고 말하며 안 되는 이유를 밖으로 돌린다. 그리고는 "적성에 안 맞는다", "재주가 없다"고 말한다. 혹은 "아무리 해도 안 되는데 어떡하느냐?"고 되묻기도 한다. 이런 사람에게 피터 드러커는 《프로페셔널의 조건》(2012)에서 다음과 같이 조언했다.

성과를 올리는 모든 사람들에게 공통적으로 있는 것은 자신의 능력과 존재를 성과로 연결하기 위해 끊임없이 노력하는 실행능력뿐이다.

(중략)

이러한 실행능력이 없는 사람은 아무리 지능과 근면성과 상상력이 뛰어나다 해도 결국 실패한다는 사실을 알게 되었다. 또한 그런 사람은 목표 달성 능력이 부족한 사람이라는 것도 확인하였다. 실행능력은 하나의 습관이다. 즉 습관인 능력들의 집합이다.

(중략)

우리 모두가 구구단을 외우는 것처럼, 실행능력을 몸에 익혀야 한다. 다시 말해 '6×6=36'이라는 것을 무의식적으로 입에서 튀어나올 만큼 확실히 몸에 배인 습관이 될 때까지 '지겹도록' 반복해서 외우듯이 실행능력도 그렇게 몸에 익혀야 한다.

아무리 타고난 재주가 많아도 노력하지 않으면 아무 쓸모가 없다. 재주가 많다고 모든 일이 저절로 될 까닭이 없다. 끊임없이 노력하는 자만이 높은 성과를 올릴 수 있다. 게으른 자들은 자신이 무슨 재주가 있는지조차도 모르고 살아간다.

이 책을 읽는 독자 대부분이 영업을 직업으로 선택한 사람일 것이다. 한번 묻겠다.

'지금 하는 일에 얼마나 몰입하고 있는가?'

'얼마나 열심히 노력하는가?'

당신이 지금 하는 일에 몰입하는지 안 하는지를 판별하고 싶으면 몇 가지 점검만 해보면 된다. 다음에 나오는 다섯 가지 물음에 정직하게 답해보기 바란다.

① 나는 영업 목표가 있는가?

② 나는 목표 달성을 위한 계획이 있는가?

③ 나는 영업을 할 때 즐거운가?

④ 나는 고객을 만나기 전 흥분되는가?

⑤ 나는 최선을 다하는가?

위 질문에 모두 "예"라고 답할 수 있다면 당신은 영업에 몰입한 상태다. 다섯 가지 가운데 한 가지라도 부족하다면 그것을 채우기 위해 노력하라. 지금 포기하고 싶을 정도로 몸과 마음이 지쳤다면 이 다섯 가지 질문을 진지하게 고민하고 답을 찾아보라. 목표가 뭔지 계획이 뭔지 얼른 생각나지 않으면 몇 시간이고 며칠이고 생각해보라. 그리고 고민해보라. 미치도록 집중해서 안 되는 일은 없다. 단지 조금 늦고 빠르고만 있을 뿐이다.

2. 나는 지금 왜 이 일을 하는가?

근본적인 질문이다. 도대체 그 많은 직업 중에서, 그 많은 일 중에 나는 왜 영업을 택했는지 한 번쯤 진지한 물음이 필요하다. 단순히 돈을 벌기 위해서라면 스스로 기운 빠지는 일 아닌가.

'내가 속한 조직을 위해 무엇을 할 수 있을까?'

'내가 속한 사회에 무엇을 공헌할 수 있을까?'

'내 이웃, 내 친구, 내 가족, 내 고객을 위해 할 수 있는 일은 무엇인가?'

이러한 질문을 하며 자신이 하는 일에 의미를 부여하고 열정을 쏟아야 한다. 이렇게 사명감을 품고 일하는 사람이 더 많은 열정으로 더 많은 성과를 이루어내는 법이다. 앞에서 예를 든 삼성전자 이기태 사장은 어땠는지 다시 한 번 살펴보자.

무선사업 부문 이사로 발령받았을 때가 역시 힘들었다. 당시에는 무선사업부 실적도 부진했고 회사 내에서 좋은 평판을 받지 못하던 시절이었다. 하지만 난 포기하지 않았다. 열심히 하는 것 외에 달리 방법이 있겠는가. 요즘 사회에 진출하려는 청년들에게 하고 싶은 얘기도 그런 것이다. 자기가 하는 일은 스스로 가치를 부여하기 나름인데, 그런 자세에 따라 그 사람의 미래도 달라지는 것 같다.

출처: 〈조선일보〉

다음은 황농문 교수의《몰입》(2012)나오는 구절이다.

> 내가 하는 일이 세상에서 가장 중요하다고 믿어야 비로소 자신의 인생을
> 던져서 그 일을 하게 되고, 그래야 재미가 있고 경쟁력도 생긴다.

당신은 자신이 하는 일에 어떤 가치를 부여하고 있는가. 당신이 하는 일이 세상에서 가장 중요한 일이라고 생각하는가. 아니면 아직도 영업은 힘든 일이고, 마땅히 할 게 없어서 한다고 생각하는가. 당신이 하는 일이 얼마나 많은 사람들에게 얼마나 많은 혜택을 선사하는지 생각해보라. 뿌듯하지 않은가. 자부심을 느낄 만한 충분한 이유가 아닌가. 당신의 많은 선배들은 영업을 하며 자부심을 느꼈다. 당신도 이제 영업인이라는 사실을 자랑스럽게 말하라.

3. 나는 긍정형 인간인가?

미국의 심리학자며 긍정심리학 창시자인 마틴 셀리그먼(Martin E.P. Seligman)이 말한 '학습된 무기력증'은 영업인이 흔히 겪는 증세 중 하나다. 사람들은 어떤 일에 여러 번 실패하고 나면 노력은 쓸데없는 짓이라 생각하고 새로운 시도를 포기한다. 그리고 자신을 쓸모없는 사람이라고 여기며 무엇을 하든 실패할 운명이라고 생각한다. 이 증세가 '학습된 무기력증'이다

영업인이 이 증세에 빠지면 영업 활동을 하지 않으려고 한다. 영업은 성공보다 실패가 많다. 하루 종일 다녀도, 심지어 일주일 혹은 열흘을 다녀도 성과가 없을 때가 있다. 열심히 했는데도 성과가 없으면 무기력증이 나타나는데, '나가 본들 성과가 없는데 뭐하러 나가느냐?'는 식으로 생각한다. 무기력증에서 헤어나지 못하면 할 수 있는 일이 아무것도 없다.

그러나 영업 달인들은 이런 경우에도 할 수 있다고 믿는다. 자신이 원하는 목표를 이룰 때까지 새로운 방법을 끊임없이 시도하며 노력한다. 이들에게 힘의 원천은 긍정 심리이고, 이처럼 긍정으로 가득 찬 사람이 바로 긍정형 인간이다. 지금 이 책을 읽는 당신이 영업인라면 이미 긍정형 인간이다. 새로운 방법을 찾기 위해서 노력하고 있지 않은가.

당신 머릿속에서 긍정이 소멸하면 비전은 사라지고 열정은 식어버리며 실행력은 떨어진다. 이런 사람은 그저 하루하루 살아갈 뿐이다. 사회를 위하여 타인을 위하여 할 수 있는 일은 하나도 없다. 오히려 타인에게 부담을 주는 인간으로 전락하고 만다. 그러므로 긍정형 인간이 되기 위한 훈련이 필요하다. 지금부터 한 가지 방법을 일러주겠다.

영업인의 머릿속은 항상 긍정 심리와 부정 심리의 전쟁터다. 긍정 심리가 우세하면 열정적으로 일하고, 부정 심리가 우세하면 무기력 상태가 된다. 영업인 머릿속에 있는 긍정 심리와 부정 심리, 이것을 '긍부'라 부르기로 하자. 긍정의 '긍'자와 부정의 '부'자를 따서 임의로

만든 말이다.

긍부는 두 가지 성격이 있지만 몸은 하나다. 우리가 긍정형 인간이 되면 긍부는 붉은색이나 오렌지색으로 바뀌고, 부정형 인간이 되면 검은색으로 변한다. 지금부터 긍정형 인간이 되고 싶은 사람을 위해 독일의 슈테판 프리드리히 박사의 '귄터' 개념에 긍부를 대입하여 이야기하려고 한다.

긍부는 당신의 정신 속에 살고 있는 아주 나약한 존재이다. 당신이 새로운 것을 배워야 하거나 또는 힘들게 노력해야 할 때 긍부는 당신에게 속삭인다. '그냥 포기해 버려!', '아무리 해도 넌 그것을 절대 할 수 없어!', '그 일은 네 적성이 아니야!'와 같은 말로 당신의 기운을 빼 버린다. 긍부는 또한 끔찍하게 게으른데, 당신도 긍부와 똑같이 게으르다고 생각하기 때문에 자신을 쓸데없는 고난에서 보호해야 한다고 생각한다.

또한 긍부는 합리화의 천재이다. 당신 제안에 거절하는 고객이 있으면 '정말 멍청하군. 저런 멍청이는 필요 없어!', 비가 오거나 눈이 오는 날에는 '좀 쉬어라. 오늘 같은 날은 고객도 귀찮아 해!', 작은 장애물이라도 있으면 '역시 영업은 내 체질이 아냐!'와 같이 중얼거리며 게으르고 잘못한 행동에 적당한 구실을 붙여준다.

긍부가 당신을 지배하면 당신은 할 수 있는 일이 아무것도 없다. 긍부를 이기려 해도 쉽지 않은 일이라 늘 긍부에 꺾이고 만다. 그러면 후회하고 짜증이 난다. '한심하군, 일을 해야 하는데', '매출목표를 해야 하는데 어쩌지?', '벌써 며칠 째 한 건도 못 했네!'와 같은 심리적 압박감이 생긴다. 그러나 이런 짜증과 걱정은 긍부를 더 자극하고 만다.

그러면 긍부는 또다시 낙심의 말을 한다. '너는 절대 성공할 수 없을 거야! 넌 영업이 맞지 않아! 그러니 마트에 가든지, 식당에서 일하는 게 낫다니까! 빨리 포기해!'라고 말이다. 긍부는 스트레스를 받으면 고집이 더 세진다. 그리고 긍부의 색깔은 점점 검은색으로 변하면서 당신을 절망의 구렁텅이로 밀어 넣는다.

그러므로 긍부를 이기려면 절대 짜증을 내거나 스트레스를 받아서는 안 된다. 긍부에게 친절해야 한다. 긍부를 잘 달래고 칭찬해야 한다. 긍부에게 동기를 부여하고 싶다면 그에게 압력을 주기보다는 용기를 북돋워 주어야 한다. 당신 안에 있는 긍부와 대화를 할 때는 동기부여가 되는 언어만을 사용하라! 그리고 스스로에게 이런 종류의 문장만을 사용하라.

'너는 그것을 곧 해낼 거야!'

'성공만을 기대하는 거야!'

'정말 재미있는 고객인걸!'

아울러 긍부가 스스로 구실을 만들기 전에 '이번엔 어떻게 하면 판매에 성공할 수 있을까?'에 집중해야 한다. 그러면 당신 내면의 긍부는 비전, 흥분, 자신감, 기대감으로 가득 찬다. 이때부터 변화가 시작된다. 긍부가 고객을 만날 때마다 도움을 주고 부지런히 용기를 준다. 그리고 내면에서 이렇게 말을 걸어온다.

'자신감을 갖도록 해!'

'조금 더 친절하게 해봐!'

'긴장 풀어!'

'이번에 안 되면 다음 기회가 있는 거야!'

'고객은 항상 널 좋아해!'

긍부의 색깔이 오렌지색나 붉은색으로 바뀌기 시작하면 당신 내면은 긍정 심리로 가득 차고 열정이 넘쳐나게 된다.

4. 나는 왜 공부해야 하는가?

> 장경동 목사는 원래 재밌는 사람이 아니었다. 장 목사가 인기를 얻게 된 배
> 경엔 남들이 상상하기 힘든 노력이 숨어 있다. 그는 신학생 시절부터 다른
> 목회자의 설교를 공책에 메모했다. 어떤 때 신자들이 감동하고, 언제 웃음을
> 터뜨리는지 빠짐없이 체크했다. 매주 20권 넘는 책을 읽고, 이동하는 차안
> 에선 다른 목회자의 설교를 들었다. 매일 20쪽씩 성경을 묵상하는 건 설교
> 의 마르지 않는 샘물이었다.
>
> 출처: 〈조선일보〉

천재들은 천재로 태어나서 그토록 위대한 업적을 남긴 게 아니다.
이름을 남긴 천재들은 보통 사람보다 다섯 배 정도 더 많은 시간과
노력을 투자한다. 베토벤이나 에디슨이 얼마나 많은 노력으로 그런
업적을 이루었는지 당신은 알 것이다. 끊임없는 훈련과 노력이 그
들을 만들었다. 영업 능력도 마찬가지다. 타고나는 게 아니라 노력
으로 만들어가는 것이다.

점점 치열해지는 영업 현장에서 승리하려면 당신은 먼저 취급하
는 제품의 전문가가 되어야 한다. 사람들은 지적인 사람에게 쉽게
동조하는 경향이 있다. 전문지식으로 무장해야만 고객의 신뢰를 얻
을 수 있다.

제품에 대한 지식과 함께 판매 능력도 갖춰야 한다. 〈표 1-2〉에 나
오는 일곱 가지 질문은 영업에서 좋은 성과를 내기 위한 필수 능력들

이다. 당신은 몇 점 정도 되는지 1점~10점까지 평가해 보기 바란다.

〈표 1-2〉판매 능력에 대한 질문

질문	점수
가망고객을 찾아내는 능력이 있는가?	
처음 만난 가망고객과 쉽게 친해지는 능력이 있는가?	
고객의 문제를 알아내는 능력이 있는가?	
제품의 효능을 효과적으로 설명하는 능력이 있는가?	
고객의 구매동기를 자극하는 능력이 있는가?	
고객의 거절에 대응능력이 있는가?	
기존고객에게 새로운 가망고객을 소개받을 능력이 있는가?	

이 가운데 한 가지라도 평균에 미치지 못한다면 좋은 성과를 낼 수 없다. 책을 보든지 선배에게 질문해서 고객 발굴, 고객의 문제 파악, 고객의 잠재욕구 파악, 효과 설명, 마무리, 거절 처리, 고객관리 등에 관한 능력을 꾸준히 키워야 한다. 이런 능력을 고객 앞에서 무의식 중에 발휘하려면 몸에 밸 정도로 완벽하게 연습해 놓아야 한다.

영업인은 지식근로자다. 아무 생각 없이 전단지만 돌리고 다닌다면 육체노동과 뭐가 다르겠는가. 영업인이 고객을 만나 상담할 때 모르는 점이 있다고 그때마다 선배에게 물어볼 수는 없지 않은가. 문제를 스스로 해결하고 상담을 마무리 지어야 한다. 영업 달인이 되려면 영업에 필요한 능력뿐 아니라 항상 새로운 지식을 배우며 질문하는 자세를 갖춘 지식근로자가 되어야 한다. 충분한 지식과 훈련이 없으면 좋은 성과를 거둘 수 없다.

영업인은 축구장에서 공을 차는 축구 선수와 같다. 불규칙하고 불확실한 상황에서 선수들이 조직력을 바탕으로 실력을 발휘하는 이유는 수많은 연습을 했기 때문이다. 영업 현장도 축구장만큼이나 불규칙하고 불확실하다. 고객이 어떻게 나올지는 아무도 모른다. 본래 영업이 그렇다. 하루하루 불확실성 속에서 일을 해야 한다. 축구장이나 전쟁터와 같이 예측할 수 없는 상황에 제대로 대처하기 위해 영업인은 항상 준비를 해야 한다. 구구단을 외우듯 화법을 외워서 반사적으로 입에서 흘러나올 수 있도록 연습하고 또 연습해야 한다.

이 책에서 당신은 다양한 질문법을 배울 것이다. 영업 달인이 되려면 이 책에 나오는 모든 질문을 내 언어습관에 맞춰 고쳐보고, 완전히 내 것이 되도록 연습해야 한다.

2장

질문이 필요한 이유와
질문의 유형

고개들은 누구나 자신의 이야기에 공감하는 영업인에게
더 많은 친근감과 신뢰를 느끼고 마음을 열게 마련이다.
고객에게 더 많은 말을 시키려면 어떻게 해야 할까?
간단하다. 질문하면 된다.
그래서 영업 달인들은 고객을 만나기 전에 항상 질문을 준비한다.

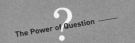
The Power of Question ——

1. 영업에서 질문이
왜 필요할까?

영업을 잘하려면 말을 유창하게 하고 임기응변이 뛰어나야 한다고 생각한다. 물론 틀린 생각은 아니다. 어눌하고 허둥대는 것보다야 세련되고 논리정연한 편이 낫다. 그렇다고 고객이 번지르르한 말솜씨만을 좋아한다는 뜻은 아니다. 고객은 말이 많은 영업인에게 신뢰감을 느끼지 않는다.

고객은 말이 많은 영업인보다 자신의 이야기를 주의 깊게 들으며 공감하는 영업인에게 더 많은 친근감과 신뢰를 느끼고 마음을 연다. 실력 있는 영업인은 이 사실을 잘 알기 때문에 고객이 말을 하도록 유도하고 귀를 기울여 듣는다.

그렇다면 고객에게 더 많은 말을 시키려면 어떻게 해야 할까? 간단하다. 질문하면 된다. 그래서 영업 달인은 고객을 만나기 전에 항상 질문을 준비한다. 반대로 평범한 영업인은 고객을 만나기 전에 어떻게 상품 설명을 해야 할지를 고민한다.

〈표 2-1〉에서는 웅변형 영업인(평범한 영업인)과 질문형 영업인(영업 달인)을 구분해보았다. 꼭 그렇지는 않지만 이런 경우가 대부분이다. 질문형 영업인은 고객에게 질문하고 답변을 경청하며 고객과 교감하려고 애쓴다. 그래서 고객 신뢰도가 높다. 당연히 재구매율이 높고 가망고객도 더 많이 소개받는다.

반면 웅변형 영업인은 자기 이야기를 많이 한다. 영업은 고객과 고객의 문제에 초점을 맞춰야 하는데 자신이 취급하는 제품에 초점을 맞춰 설명하고 어떻게든 팔려고 애쓴다. 이런 영업인은 고객의 신뢰를 얻을 수 없다. 그 결과, 매출이 불규칙하고 재구매율도 낮으며 가망고객을 소개받는 일도 드물다. 말을 많이 하니 쉽게 지치고, 스트레스도 많이 받는다. 성과 부진에 빠지는 원인이다.

〈표 2-1〉 웅변형 영업인과 질문형 영업인 비교

대화 유형	웅변형 (설득형)	질문형 (경청형)
표현력	말이 많다	말이 적다
첫 매출 시기	빠르다 (1~3회 방문 이내)	늦다 (3회 이상 방문)
재구매율	낮다	높다
수금	잘 안 된다	잘된다
평균매출	불규칙하다	안정적이다
소개판매	적다	많다
열정	불규칙하다	일정하다
질문	적게 한다	많이 한다
고객의 신뢰도	낮다	높다

그러므로 영업 달인이 되려면 고객을 만나기 전에 질문을 준비하고, 고객의 답변에 귀를 기울여야 한다. 다음은 영업에서 힘을 발휘하는 질문의 7가지 기능이다.

첫째, 질문을 하면 고객의 문제를 알 수 있다. 고객 문제를 파악하고 해결책을 제시하는 일은 영업의 기본이다. 그렇더라도 영업인이 먼저 문제를 지적하기보다는 질문을 하여 고객이 스스로 말하도록 유도해야 한다.

· 현재 고객님의 어려운 문제는 무엇입니까?
· 언제부터 이런 문제가 있었습니까?
· 몸이 많이 안 좋아 보이시네요?
· 현재 거래처에 대한 가장 큰 불만은 무엇입니까?
· 혹시 소화기관에 문제가 있지 않으신가요?
· 화장품을 사용했을 때 부작용이 많이 일어나는 편입니까?

이렇게 질문하면 고객은 자신의 문제를 말할 수밖에 없다. 만약 질문에 자신의 문제를 사실대로 말한다면 구매확률이 높은 고객이다. 구매할 의사가 없다면 굳이 문제를 말하지 않는다. 영업인은 고객의 문제를 정확히 알아야 적절한 해결책을 제시할 수 있다.

둘째, 질문을 하면 고객의 필요를 알 수 있다. 고객은 자신이 필요하다고 생각해야 제품을 구매한다. 그래서 고객의 필요를 알고 그 필요를 채워주어야 구매동기를 자극할 수 있다. 고객에게 가장 필

요한 것이 무엇인지 알려면 질문하고 고객에게 대답을 듣는 방법이
가장 좋다.

· 고객님에게 있는 문제를 해결하려면 무엇이 가장 필요하다고
 생각하십니까?
· 현재 고객님은 무엇이 가장 필요합니까?
· 높은 성과를 올리는 데 필요한 것은 무엇입니까?
· 당뇨가 있으면 합병증이 문제인데 혈당조절은 어떻게 하십니
 까?
· 아이들은 활동량이 많아 그만큼 사고 위험이 높습니다. 자녀를

위한 보험에 가입하셨나요?

· 고객님, 그러니까 눈가에 있는 주름을 해결하고 싶다는 말씀이
시죠?

고객의 가려운 곳을 정확히 짚어내어 긁어주는 일은 영업인이 마
땅히 해야 할 일이다. 고객에게 무엇이 필요한지 정확하게 알지 못
하면 긁어줄 수가 없다. 고객의 필요를 알았다면 고객의 필요를 채
워줄 수 있는 제품으로 상담을 시작하면 된다.

셋째, 고객은 질문에 대답하면서 무엇이 필요한지 스스로 깨닫는
다. 영업인이 아무리 제품이 필요하다고 설명해도 고객은 스스로
필요하다고 느끼지 않으면 절대 구매하지 않는다. 이런 경우 고객
스스로 자신에게 있는 문제가 얼마나 심각한지 깨닫고 제품의 필요
성을 느끼도록 질문을 하면 된다.

· 지금 고객님에게 있는 문제가 앞으로 어떤 영향을 미칠까요?
· 높은 성과를 올리는 데 가장 큰 걸림돌은 무엇입니까?
· 주변에 당뇨 합병증으로 시력이 떨어져서 고생하는 분이 있는
데, 고객님은 당뇨 관리를 어떻게 하시나요?
· 내일 일은 아무도 모르잖아요. 가장으로서 항상 '만약의 경우'
를 생각해야 하지 않을까요?
· 고객님은 은퇴 후 돌아가실 때까지 생활자금이 얼마나 들어갈
지 생각해 보셨나요?

· 자외선이 피부노화의 주범인데, 자외선을 피하려면 무엇이 가
 장 중요할까요?

　고객은 영업인이 하는 질문에 답변하면서 자신에게 문제가 있다
는 사실과 해결책이 필요하다는 사실을 스스로 깨닫게 된다. 이런저
런 이유로 구매를 미루는 고객에게도 질문은 효과가 크다. 고객은
영업인이 하는 질문에 대답하면서 스스로 구매 욕구를 자극한다.
　넷째, 고객은 문제를 해결하면 어떤 이익이 있는지 스스로 알게
된다. 문제를 해결하면 고객에게 무엇이 좋은지, 무슨 이익이 있는
지 굳이 설명할 필요가 없다. 적절한 질문으로 고객이 스스로 말하
게 하면 된다. 고객은 영업인에게 듣기보다 자신의 입으로 말할 때
더 많이 확신하는 경향이 있다. 고객의 구매 결정을 유도할 때 이보
다 더 효과적인 수단은 없다.

· 이런 문제를 해결한다면 고객님에게 무슨 이익이 있을까요?
· 은퇴 후 여유가 있다면 무엇을 가장 하고 싶으신가요?
· 고객님, 관절이 좋아져서 자유롭게 다닐 수 있다면, 어디를 가
 장 먼저 가고 싶으세요?
· 고객님의 건강 문제를 해결하면 가장 하고 싶은 일이 무엇입니
 까?
· 피부가 깨끗해지면 참 좋겠지요, 고객님?

고객이 해결책을 구매하는 동기는 효과를 보기 위해서다. 그 효과와 이익을 고객이 스스로 말하고 긍정하면 구매확률은 올라간다.

다섯째, 질문은 고객이 품은 불만이나 반론에 대응하는 좋은 수단이다. 예를 들어, 고객이 "가격이 비쌉니다"라고 이의를 제기할 때 가격이 비싼 이유를 길게 변명할 필요가 없다. 질문으로 응수하면 된다.

> 고　객: 가격이 생각보다 꽤 비싸네요?
>
> 영업인: 비싸다고요? 고객님, 왜 가격이 비싸다고 생각하는지 말씀해 주실 수 있겠습니까?
>
> 고　객: 아니 뭐, 진짜 효과가 있는지도 모르겠고….

질문을 하면 공은 고객에게 넘어간다. 그러면 고객은 자신의 생각을 말하지 않을 수 없다. 사실 가격이 구매에 미치는 영향은 매우 적다. 고객은 다른 이유가 있으면서 가격을 핑계 삼아 거절하기 일쑤다. 이때 적절한 질문은 진짜 거절 이유를 말하도록 유도한다. 다른 거절 이유도 마찬가지다. 설명 대신 질문을 하면 좋은 결과를 얻을 수 있다.

> 고　객: 다시 한 번 생각해볼게요.
>
> 영업인: 생각해보겠다고 하시는 게 저희 제품의 효과에 관한 것입니까?

고객은 거절하는 진짜 이유가 제품의 효과에 관한 것이라고 말할 수도 있고 다른 이유를 말할 수도 있다. 고객이 거절하는 이유를 정확히 알고 대응하면 좋은 결과를 얻을 수 있다.

여섯째, 질문으로 효과적인 고객관리를 할 수 있다. 성격이 적극적인 고객을 제외하면 고객 대부분은 제품에 다소 불만이 있거나 의문이 있더라도 먼저 말하려고 하지 않는다. 고객이 말하지 않는다고 해서 괜찮다고 생각하면 착각이다. 고객의 마음속에 있는 불만을 제대로 처리하지 못하면 재구매는 절대 없다. 당신의 총매출 가운데 재구매율이 낮다면 고객관리에 문제가 있다고 보면 된다. 고객관리를 잘하려면 고객에게 다음과 같이 질문하여 그들의 불편과 불만을 들어야 한다.

· 우리에게 고쳐야 할 점이 있다면 무엇입니까?
· 고객님 구매하신 제품에 만족하십니까? 혹시 그렇지 못한 점이 있다면 말씀해 주십시오.
· 고객님의 건강 관리에 저희가 어떤 도움이 되고 있습니까?
· 저희 제품이 고객님 피부 관리에 도움이 되고 있습니까?
· 저희 제품을 이용하면서 혹시 불편하신 점이 있으면 말씀해주시겠습니까?

하고 싶은 말이 있어도 이런저런 눈치를 보느라 말을 못 하고 있었는데, 영업인이 먼저 질문해준다면 고객은 매우 고마워할 것이다. 질문은 직접 방문해서 하면 가장 좋지만 전화나 문자메시지 또는 이 메일을 활용할 수도 있다. 제품별로 고객관리용 질문 목록을 만들어 사용하면 편리하다.

일곱째, 질문으로 대화의 주도권을 잡을 수 있다. 사람들은 본인이 말을 계속해야 대화를 주도한다고 생각한다. 이것은 착각이다. 영업 달인들은 상황에 맞는 적절한 질문으로 대화를 유리한 방향으로 이끌어간다. 고객은 제품 구매에 부담을 느끼면 대화의 흐름을 다른 쪽으로 바꾸려고 한다. 고객에게 끌려 다니면 판매는 성공하지 못하고 시간만 낭비하기 때문에 경험 많은 영업 달인들은 적절한 질문으로 대화의 방향을 주도하고, 아니다 싶으면 다른 가망고객을 찾아 나선다.

이 책에는 현장에서 사용할 수 있는 질문이 많이 나오는데, 때로는 당신의 영업 활동에 적합하지 않은 질문도 있을 수 있다. 또한 책에 나오는 모든 질문 유형을 사용할 필요는 없다. 필요한 질문 유형을 익혀 본인의 영업 활동에 맞게 응용하여 활용한다면 지금보다 좋은 성과를 낼 수 있을 것이다. 다만 충분히 연습해야 한다. 동료들과 함께 질문을 만들어 보고 연습하면서 어색한 부분을 자연스럽게 고쳐 나가다보면 당신은 영업 달인으로 거듭 태어날 수 있을 것이다. 항상 명심하라. 고객을 만나기 전에 질문을 준비해야 한다는 사실을.

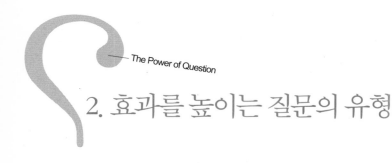

2. 효과를 높이는 질문의 유형

수없이 많은 질문이 있더라도 몇 가지 유형으로 분류할 수 있다. 질문을 유형별로 나누면 질문을 만들어 활용할 때 도움이 된다.

1. 열린 질문과 닫힌 질문

열린 질문은 "예"나 "아니오"로 대답할 수 없는 질문을 말한다. 영업에서 쓰임새가 많다. 반대로 "예"나 "아니오"로 대답할 수 있으면 닫힌 질문이다. 뒤에 나오는 친숙 질문 · 탐색 질문 등에 나오는 많은 질문이 열린 질문이다. 고객에게 무엇이 필요한지, 어떤 문제가 있는지를 알아내려면 닫힌 질문보다는 열린 질문이 효과적이다. 열린 질문으로 고객 정보를 많이 알아 낼수록 영업을 계획하기가 쉽다. 무턱대고 찾아가서 해결책을 제시하기보다는 고객 정보를 바탕으로 고객에게 맞는 해결책을 제시해야 고객의 신뢰를 얻을 수 있고 구매확률을 높일 수 있기 때문이다.

또한 고객에게 있는 문제가 얼마나 심각한지를 깨닫게 하는 심화 질문이나 해결책으로 문제를 해결하면 어떤 이익이 있는지를 묻는 해결 질문도 대부분 열린 질문이다. 열린 질문으로 고객의 구매 욕구를 자극하면 고객은 스스로 해결책을 구매한다. '팔지 말고 사게 하라'는 이상적인 영업 모델은 질문으로 가능하다.

다음을 보면 열린 질문과 닫힌 질문이 무엇이 다른지 쉽게 알 수 있다.

닫힌 질문: 가격이 중요합니까?

열린 질문: 고객님은 제품을 구매하실 때 무엇이 가장 중요하다고 생각하십니까?

닫힌 질문: 현재 사용 중인 화장품에 만족하십니까?

열린 질문: 현재 사용 중인 화장품에 만족하시다면, 그 이유는 무엇입니까?

이처럼 닫힌 질문은 고객이 "예"나 "아니오"로 대답을 하기 때문에 한 가지 정보밖에 얻을 수 없다. 하지만 열린 질문을 하면 고객이 하는 답변에 따라 더 많은 정보를 얻어낼 수 있다. 열린 질문을 좀 더 살펴보자.

- 요즘처럼 더운 날씨에는 지치기 쉬운데, 건강관리는 어떻게 하시나요?
- 앞으로 10년 후에 고객님께 가장 중요한 것은 무엇이라고 생각하십니까?
- 미래를 위하여 어떤 계획을 세우고 계신가요?
- 고객님의 피부에서 가장 큰 고민거리는 무엇입니까?

이러한 열린 질문으로 고객의 문제와 필요를 파악하면 영업 활동은 그만큼 수월해진다. 그렇다고 열린 질문이 좋은 것이고, 닫힌 질문이 무조건 나쁘다는 뜻은 아니다. 영업 과정에서 상황이나 목적에 따라 두 가지 질문을 적절히 사용해야 한다.

예를 들어, "요즘 기능성 건강식품이 왜 인기가 있다고 생각하십니까?"라는 질문은 분명 열린 질문이다. 그렇다고 고객에게 이런 질문을 할 수는 없다. 대신 "요즘은 기능성 건강식품이 인기가 많지 않습니까?"라고 질문하면 고객은 "예"라고 대답할 수밖에 없다. 영업에서 닫힌 질문은 고객이 "예"라고 대답하도록 유도할 때 쓸모가 있다.

2. 고객에게 "예"를 이끌어 내는 질문

고객이 "예"라고 대답할 수밖에 없는 질문을 연속하면 고객에게 긍정 심리가 작용한다. 고객이 긍정 심리로 바뀌면 제품의 부정적인 면보다는 긍정적인 면을 보게 되는 만큼 구매확률을 높일 수 있다. 고객이 여러 번 "예"를 했는데 마무리 단계에서 "아니오"라고 답변하기가 쉽지 않다는 심리를 이용하는 방법이다. 고객에게 긍정적인 답변을 이끌어 내는 질문을 좀 더 살펴보자.

· 요즘은 많은 사람들이 건강식품을 먹습니다. 그렇지 않습니까?
· 기능성 건강식품은 무엇보다 안전하고 효과가 있어야 합니다. 그렇지 않습니까?
· 사람에게는 무엇보다 간이 가장 중요합니다. 그렇지 않습니까?
· 얼굴은 뭐니 뭐니 해도 주름이 없어야 젊어 보입니다. 그렇지 않습니까?
· 얼굴 피부가 하야면 그만큼 예뻐 보입니다. 그렇지 않습니까?
· 위험을 대비하는 보험 하나씩은 필요합니다. 그렇죠?
· 노후에 경제적인 여유가 있으면 좋습니다. 그렇죠?

위의 질문을 아래처럼 바꿔 활용할 수도 있다. 두 문장을 하나로 묶는 방법이다.

· 요즘은 많은 사람들이 건강식품을 먹지 않습니까?
· 기능성 건강식품은 무엇보다 안전하고 효과가 있어야 하지 않습니까?
· 얼굴 피부가 하야면 그만큼 예뻐 보이지 않습니까?
· 위험을 대비하는 보험 하나씩은 필요하죠?

다음 사례를 보면 "예"를 이끌어 내는 질문이 얼마나 활용 가치가 높은지 금세 알 수 있다.

영업인: 고객님, 칼슘제는 젊었을 때부터 꾸준히 먹는 게 중요하지 않습니까?
고 객: 예, 그렇겠죠.
영업인: 모든 영양소가 그렇듯 칼슘도 많이 먹는 것보다 흡수가 잘되는 것이 더 중요하다고 생각하시죠?
고 객: 당연한 거 아닌가요.
영업인: 상식적으로 사람 몸에는 동물성 칼슘보다 식물성 칼슘이 흡수가 더 잘되겠죠?
고 객: 아무래도 그렇겠죠.
영업인: 저희 칼슘이 흡수가 잘되는 식물성 칼슘이라면 구매할 생각이 있으십니까?
고 객: 예. 당연하지요.

평소 준비해 놓고 적절히 사용하면 고객과 상담할 때 많은 보탬이 된다.

3. 선택유도 질문

당신이 배가 고파 식당에 밥을 먹으러 들어갔다고 가정해보자. 당신이 김치찌개를 주문했을 때, 식당주인이 "예"하더니 주문한 대로 김치찌개만 내온다면 영업 기술이 없는 사람이다.

조금 실력 있는 식당주인이라면 당신이 김치찌개를 주문했을 때, "술을 드시겠습니까?"라고 질문할 것이다. 당신은 단지 배가 고파 밥을 먹으러 식당에 들어갔지 술 생각은 전혀 없었다. 그런데 갑자기 식당주인이 "술을 드시겠습니까?"라고 질문을 하니 술 생각이 난다. 그래서 술을 주문했다. 물론 질문을 받았다고 모든 손님이 술을 주문하지는 않겠지만 질문을 하기 전보다는 주문이 늘어날 것이다.

그럼 진짜 영업 기술이 좋은 식당주인은 어떻게 응대할까? 당신이 김치찌개를 주문했을 때 식당주인은 "술은 맥주로 하실래요? 소주로 하실래요?"라고 선택유도 질문을 한다. 그냥 "술을 드시겠습니까?"라고 질문하면 "예"나 "아니오"로 대답할 수 있지만 "맥주로 하실래요? 소주로 하실래요?"라고 선택을 유도하면 맥주든 소주든 한 가지는 주문해야 하지 않겠는가. 당연히 매출을 가장 많이 올릴 수 있는 질문법이다.

선택유도 질문은 많은 영업인이 상담 약속을 잡거나 판매를 마무리할 때 사용하는 질문법으로 거절을 예방하는 기술이다. 사실 누구나 선택유도 질문을 받으면 "아니오"라고 답하기가 어렵다. 선택유도 질문을 받은 고객은 두세 가지 중 한 가지를 선택할 수밖에 없는데, 고객이 어느 것을 선택하든 영업인에게는 유리하다.

고객 입장에서 보면 영업인을 만나는 약속은 심리적으로 부담이 크다. 이럴 때 "오늘 오후 3시경에 찾아뵈어도 되겠습니까?"라고 질문하면 바쁘다거나 그 시간에 다른 약속이 있어서 안 된다

고 거절할 확률이 높다. 이때 "지금 고객님 댁 근처에 볼 일이 있어서 가는데 오후 2시쯤 일이 끝나거든요, 2시쯤 찾아뵐까요, 아니면 3시쯤 찾아뵐까요. 언제가 편하시겠습니까?"라고 질문하면 고객은 쉽게 "아니오"라고 말하지 못하고 둘 중 하나를 선택한다. 다음 예를 보자.

· 결제는 카드로 하시겠습니까? 현금으로 하시겠습니까? 편리한 것으로 하시면 됩니다.
· 지금 당장 제품을 가져올까요? 아니면 내일 오전 중으로 가져올까요?
· 고객님 ○○○ 제품이 필요하십니까? △△△ 제품이 필요하십니까?

위의 질문들은 마무리 과정에서 고객에게 결심을 유도할 때 활용하는 선택유도 질문이다. 고객이 한 가지를 선택하면 구매를 결정했다고 보면 된다.

4. 받아치기 질문

받아치기 질문법은 경험이 많은 영업 달인들이 사용하는 방법이다. 영업인에게 상품에 대한 설명을 듣던 고객이 "결제는 신용카드로 해도 될까요?"라는 질문에 그냥 "예"라고 대답한다면 고객의 구매의사를 확실히 알 수 없고 고객이 한 발 후퇴할 수도 있다. 이럴 때 "고객님께서는 신용카드로 결제하시는 게 편리하십니까?" 또는 "고객님께서는 제품 결제를 신용카드로 하시겠다는 말씀이시죠?"라고 질문으로 받아치는 게 기술이다. 고객이 "예"라고 대답하면 판매는 성공한 것이나 다름없다. 곧바로 주문서를 작성하면 된다. 다음에 나오는 예문을 다시 한 번 살펴보자.

> 고　객: 배달은 언제까지 가능합니까?
> 영업인: 현재 물건이 부족해서 다음 주에나 가능합니다.
> 고　객: 그렇게 늦게요? 다른 데를 알아봐야겠군요.

이런 문답은 영업인에게 유리할 게 없다. 다음 문답을 보면 받아치기 질문법의 묘미를 느낄 수 있다.

> 고　객: 배달은 언제까지 가능합니까?
> 영업인: 언제까지 배달하면 좋겠습니까?
> 고　객: 늦어도 모레까지는 배달해줘야 합니다.
> 영업인: 그럴 만한 사정이 있습니까?
> 고　객: 이번 주말에 여행을 떠나서 그렇습니다.

판매에 성공하느냐 실패하느냐는 종이 한 장 차이다. 고객이 "배달은 언제까지 가능합니까?"라고 물었을 때 곧이곧대로 답변한 영업인은 거의 성사된 계약을 놓칠 위기에 몰린다. 그러나 받아치기 질문으로 고객이 어떤 생각을 하는지 알아내고 적절한 조치를 취한 영업인은 계약에 성공했다. 다음은 현장에서 활용할 수 있는 받아치기 질문이다

고　객: 오늘 저녁에 물건을 받을 수 있습니까?
영업인: 오늘 저녁에 물건을 받으시는 게 좋으시겠습니까?

고　객: 물건은 언제쯤 볼 수 있습니까?
영업인: 고객님께서는 언제 물건을 보시는 게 편리하십니까?

고　객: 대금 지불은 1주일 후에 해도 되겠습니까?
영업인: 1주일 후에 지불하시는 게 편리하십니까?

이와 같이 고객의 질문에 즉답을 피하고 받아치기 질문으로 응대하면 고객의 생각을 확실히 알 수 있을 뿐만 아니라 계속해서 대화의 주도권을 유지하며 다음 단계로 넘어 갈 수 있다.

다음 장부터는 여러 가지 질문 유형들을 사용하여 실전에서 활용할 수 있는 질문법을 익힐 것이다. 질문법을 제대로 익혀서 활용한다면 당신은 지금보다 훨씬 더 좋은 성과를 낼 수 있을 것이다.

질문법을 익힐 때는 상담할 고객을 상상하며 종이 위에 예상 질문들을 써보는 방법이 가장 좋다. 지금 당장 볼펜과 메모지를 준비하

라. 다음 장을 읽으면서 질문이 생각나거나 '이거다!' 싶은 것이 있으면 적어놓아야 한다. 이런 작은 노력들이 쌓여야 좋은 결과를 얻을 수 있다.

3장

질문으로
고객의 문제를 파악하라

영업에서 성공하려면 당신이 취급하는 제품을 꼭 필요로 하는
가망고객을 찾아내야 한다. 여기서는 가망고객을 찾아내고,
고객의 마음을 여는 친숙 질문, 고객의 문제를 알아내는 탐색 질문,
고객의 문제를 확대하는 심화 질문에 대해 알아본다.

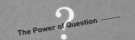
The Power of Question ——

1. 가망고객 찾기
– 내 고객은 어디에 있을까?

영업은 가망고객을 찾는 일에서 시작한다. 가망고객을 찾아내지 못하면 판매할 수 없기 때문이다. 영업을 하다가 그만두는 이유는 대부분이 가망고객을 찾지 못하기 때문이다. 가망고객이 없으면 성과를 낼 수 없고 당연히 수입도 없게 된다. 물론 내가 원하는 대로 가망고객이 재깍재깍 내 앞에 나타나 준다면 얼마나 신이 나겠는가.

하지만 현실은 그렇지 않다. 가망고객은 숨바꼭질하듯 꼭꼭 숨어 있기 때문이다. 따라서 영업에서 성공하려면 당신이 취급하는 제품이 꼭 필요한 가망고객을 찾아내야 한다. 그러나 당신이 취급하는 제품과 비슷한 수많은 경쟁 제품이 고객을 유혹하고 있다.

주위를 한 번 둘러보라. 보험시장이 개방되면서 외국 보험사들이

들어와 경쟁이 점점 치열해지고 있지 않은가. 더욱이 은행 같은 금융기관에서도 보험을 판매하고 있어 가만히 앉아서 고객을 기다리다가는 경쟁에서 이길 수 없는 현실이다. 기능성 건강식품 시장도 마찬가지다. 이제 약국이나 병원까지 경쟁 상대가 되었다. 화장품은 또 어떤가. 온라인 쇼핑몰이나 화장품 전문점에서 가격도 싸고 경품까지 끼워주며 방문판매를 위협하고 있다.

이제는 어떤 제품이든지 고객을 적극적으로 찾아 나서지 않으면 앉아서 죽을 수밖에 없는 상태가 되었다. 그래서 가망고객을 찾는 일이 그 어느 때보다 중요해졌다. 하지만 당신이 판매하는 바로 그 제품을 간절히 원하는 가망고객을 찾아내는 것은 만만치 않은 일이다.

그러므로 이젠 가망고객을 찾는 것이 아니라 만들어내야 한다. 당신이 취급하는 제품을 전혀 모르는 사람들, 알지만 필요성을 느끼지 못하는 사람들에게 필요성을 이야기하고, 이미 경쟁 제품을 이용하고 있다면 당신이 취급하는 제품으로 바꾸도록 유도하는 일이 영업인으로서 당신이 해야 할 일이다. 이제 영업은 전쟁이 되었다. 그렇다고 너무 기죽을 것 없다. 문을 열고 나가면 가망고객이 최소 오천만 명이나 있지 않은가?

가망고객을 찾는 방법은 크게 연고판매, 개척판매, 소개판매로 나눌 수 있다. 여기서는 연고판매와 개척판매를 알아보고 소개판매는 5장에서 자세히 살펴보기로 하겠다.

1. 연고판매

연고판매는 아는 사람 중에서 가망고객을 찾아내는 방법이다. 아는 사람이라고 무조건 사줄 것이라는 기대는 애당초 하지 않는 게 좋다. 그렇다고 연고를 무시해서도 안 되고 소홀히 해서도 안 된다. 이들 또한 제품이 필요한 가망고객이기 때문이다. 여기서 주의할 점은 준비 없이 찾아가면 마음에 상처를 입고 관계만 서먹해진다는 사실이다.

실제 있었던 일이다. 영업을 막 시작한 영업인이 제품 교육을 받는 과정에서 여기저기 알려야겠다는 생각에 어릴 때부터 친하게 지내던 사촌언니에게 가장 먼저 전화를 했단다. 반갑게 맞이하며 조건 없이 사줄 거라고 잔뜩 기대를 했는데, 대뜸 "야! 너는 한물간 거를 왜 이제 시작하려고 하니?"라며 면박을 줘서 큰 상처를 받았다고 한다.

이처럼 연고는 찾아가기도 쉽지만 상처받기도 쉽다. 처음 영업을 시작하여 이런 일을 당하면 회복하기 힘들다. 영업을 한다고 소문이 나면 몇몇 친구들은 아예 연락이 안 되는 경우도 생긴다. 이들을 탓할 필요는 없다. 본래 세상의 인심이 그런 것 아니겠는가.

물론 영업인의 잘못도 있다. 그동안 얼마나 많은 영업인(영업인이라고 할 수도 없지만)이 곶감 빼먹듯 연고만 빼먹고 그만두었는가. 혹시 당신이 평소에 친하게 지내던 친구나 이웃에게 따돌림을 당한다는 생각이 들거든 기다려라. 걱정할 필요 없다. 보이지 않는 곳에서 당신이 얼마나 버티는지 관망하고 있는 중이다. 이들은 늦어도 1년이면 다시 돌아온다.

연고에서 가망고객을 찾아내려면 먼저 명단을 만들어 보라. 그리고 철저히 사전조사를 하여 구매 가능성이 높은 고객을 추려내야 한다. 구매 가능성이 높은 가망고객은 다음과 같은 특징이 있다.

첫째, 구매 가능성이 높은 사람은 당신이 취급하는 제품에 긍정적으로 반응한다. 이전에 그 제품으로 효과나 이익을 본 경험이 있는 사람은 구매할 확률이 높다. 관리를 잘하면 이들은 우량고객이 되고 더 나아가 주변 사람에게 당신을 소개해 준다. 반면 부정적인 사람을 고객으로 만들려면 시간이 많이 걸리고 구매확률도 낮다.

둘째, 구매 가능성이 높은 사람은 제품이 절실하게 필요하다. 건강에 문제가 있는 사람이라면 반드시 기능성 건강식품이 필요하다. 특히 당뇨 합병증과 같은 생활 습관병이나 관절염 같은 노인성 질환이 있으면 구매확률이 높다. 얼굴에 잔주름이 많은 고객이라면 기능성 화장품에 구매 욕구를 느낀다. 구매 가능성이 높은 고객은 당신이 취급하는 제품으로 해결 가능한 문제를 안고 있는 사람이다. 이런 가망고객은 구매 욕구가 강해서 효과가 확실하다고 믿으면 돈을 아끼지 않는다.

셋째, 구매 가능성이 높은 사람은 경제적으로 안정되어 있다. 조사 결과에 따르면 기능성 건강식품을 가장 많이 이용하는 사람은 40~60대 여성이다. 또한 여성들은 나이가 들고 경제적으로 안정적일수록 기능성 화장품의 필요성을 많이 느낀다고 한다. 당신이 값비싼 제품을 취급한다면 이와 같은 점을 잘 알고 있어야 한다.

　당신이 아는 사람 가운데 위에서 말한 세 가지 특징을 모두 충족하는 사람이 있다면 더 많은 시간을 투자해야 한다. 이들은 당신에게 충성고객이 될 뿐 아니라 다른 고객을 소개해주고 당신과 당신이 취급하는 제품을 주변 사람들에게 긍정적으로 말해 준다.

　연고고객 중에는 구매동기를 충족하지 않더라도 얼굴 보고 어쩔수 없이 구매해주는 경우도 있다. 당신도 아는 사람이 영업을 하려고 찾아왔을 때 딱히 필요하지는 않지만 구매하지 않으면 관계가 서먹해질 것 같아 그냥 팔아준 때가 있었을 것이다. 그럴 때 이 정도면 사주겠다고 생각하는 구매 가능한 금액은 얼마인가? 강의를 할때 청중들에게 물어보면 대개 20~30만 원 선이다. 가격이 그 이상이면 부담스러우니 차라리 서먹해지는 편이 낫다는 뜻이다. 이런 경우는 대부분 재구매가 일어나지 않는다. 연고고객이라도 고객의 필요를 충족시킬 수 있는 제품을 권해야 한다. 또 구매 후에는 고객관리를 철저히 하여 고객이 제품의 효과와 효능을 충분히 알고 체험할 수 있도록 안내해야 한다.

　연고고객이라고 해서 고객관리를 소홀히 하면 절대 안 된다. 친군데, 동생인데 하면서 더 많은 것을 바랄 수도 있다. 연고고객을 개척고객보다 더 철저히 관리하면 충성고객으로 남아 당신의 영업활동에 많은 도움을 준다. 자, 이제 구매 가능성이 높은 연고고객은 누구인지 〈표 3-1〉에 명단을 작성해 보자.

〈표 3-1〉 구매 가능성이 높은 연고 고객

이름	연락처	구매 가능한 제품	필요한 정보

2. 개척판매

개척판매는 말 그대로 모르는 사람을 찾아가서 판매하는 방식이다. 대상은 많지만, 성공률이 떨어지고 과정이 매우 힘들다. 개척판매 성공률이 겨우 2퍼센트밖에 되지 않는다고 하니 어지간한 집념으로는 꾸준히 하기가 어렵다. 그러나 영업에서 성공하려면 개척판매에서 성공해야 한다. 개척 영업은 도전적인 일이다. 쉽다면 도전이 아니다. 그래서 더 가치 있는 일인지 모른다. 여기서 잠깐 한 영업인의 눈물겨운 개척 이야기를 들어보자.

나는 영업 초기에 새로운 지역을 개척하기로 마음먹었다. 추운 겨울, 그 당시는 차도 없었으니 버스와 도보로 이동할 수밖에 없는 상황이라 춥고 힘들었다. 처음 개척을 나가며 '영업, 그냥 열심히만 하면 되지. 뭐가 문제야!' 하는 배짱으로 시작했다.

　내가 처음 발을 내딛은 '내 땅'은 상가 건물이 하늘을 찌르고, 나처럼 영업하는 이들이 하루에도 대여섯 명씩 다녀간다는 곳이었다. 하늘에서는 눈이 흩날리고, 길은 미끄러웠다. 한 손엔 전단지 가방, 다른 한 손엔 화장품 가방을 들고 다녔던 하루하루가 정말 힘들었다. 일주일 또는 보름이 지나도록 매출이 없었던 때도 있었다. 날씨만큼이나 내 마음과 정신이 얼어붙어버릴 것 같았다.

　그러나 포기하지 않았다. 오기가 생겼다. 그때마다 '오늘은 기필코 뭐 하나라도 팔아야지' 하는 독한 마음으로 다시 가방을 챙겨 들었다. 하루 종일 전단지만 돌리기도 하고, 같은 곳을 열 번 이상 무조건 방문한 적도 있었다. 요령은 부릴 줄도 모르고 열심히만 하면 될 거라 생각했다.

　그렇게 겨울엔 추위와 싸우고 여름에는 뙤약볕과 씨름하며 여기까지 왔다. 지금 생각해 보면 처음 내딛은 나의 개척 경험은 나를 만들어가는 힘든 훈련이었다.

많은 영업인이 이와 비슷한 경험을 했을 것이다. 개척은 이처럼 기본적으로 힘들다. 하나하나 배우고 익혀 가는 과정은 거저 되는 법이 없다. 이 단계에서 힘들다고 포기하며 많은 영업인이 발길을 돌린다. 그러나 힘든 게 어디 영업뿐이겠는가. 이 세상에 뭐 하나 그냥 되는 게 있던가. 당신이 개척판매를 제대로 할 수 있다면 무슨 일을 하든지 자신감을 얻을 수 있고 두려움은 사라진다.

　개척판매를 할 때 유의해야 할 점은 '영양가' 없는 사람을 상대하는 일이다. 개척고객 중에는 그냥 대화하며 즐기기 위해 영업인을 상대하는 사람도 있다. 또한 영업인의 열정을 꺼뜨리는 사람도 있다. 그런 사람은 대체로 부정적인 사람이다. 제품에 의심이 많고 아무것도 아닌 것으로 트집을 잡고 불평불만을 늘어놓는다. 이런 사람은 영업인을 피곤하게 할 뿐이다.

또한 경제력은 없는데 구매 욕구가 강한 사람도 있다. 이런 사람도 쓸모없는 고객이다. 제품이 필요해서 구매했지만, 대금 지불 능력이 없어 수금하기 힘들다. 심지어 연락을 끊고 잠적해 버리는 경우도 있다. 판매 욕구가 지나쳐 이런 사람에게 제품을 공급하면 시간은 시간대로 낭비하고 애를 먹는다. 지금 당장 아까워도 포기하는 게 낫다. 이런 일이 많아지면 앞으로 남고 뒤로 밑진다.

이처럼 개척판매는 힘들고 어렵지만 수많은 영업인이 영업으로 명예를 얻고 부를 쌓아왔으며 사회에 공헌하고 있다. 그러면 그들은 어떻게 성공했을까? 다음에 소개하는 내용은 성공한 영업인이 실천하는 일곱 가지 방법이다.

첫째, 목표와 계획을 세우고 활동하라. 개척은 시간 싸움이다. 목표와 계획이 없는 활동은 시간낭비다. 년, 월, 주 단위별 목표로 실천 계획을 세워라. 〈표 3-2〉는 스티븐 코비의 《성공하는 사람들의 7가지 습관》에 나오는 주간 계획표 양식을 참고하여 영업인에 맞게 새롭게 만들어 보았다. 주간 계획을 짜임새 있게 세우면 쓸데없는 일에 시간과 에너지를 뺏기지 않는다. 목표와 계획이 당신 활동에 나침반 구실을 해주기 때문이다.

〈표 3-2〉 주간 계획표 ( )일 ~ ( )일

역할	매출 활동		증원 활동		고객관리		자기계발/기타	
목표								
일( )	월( )		화( )		수( )		목( )	금( )	토( )
오늘의 중요 활동								
약속과 실천사항								
5								
6								
7								
8								
9								
10								
11								
12								
13								
14								
15								
16								
17								
18								
19								
20								
21								
22								
23								
24								

주간 계획표는 '결과 위주'가 아니라 '활동 위주'로 작성해야 효과가 있다. '주간 목표' 란을 자세히 보라. 매출액이 아니고 매출 활동별로 되어 있다. 이는 '주 매출액 100만 원' 하는 식으로 결과를 목표로 잡으라는 게 아니다. 매출을 하기 위한 활동 목표, 예를 들어 '신규 고객은 몇 명을 만나고, 어디를 개척할 것이며, 신규 고객카드는 몇 장을 받고…' 하는 식으로 작성하라는 뜻이다. 증원도 '몇 명을 하겠다'가 아니라 증원 대상자 '몇 명을 새로 발굴하겠다', '전화나 문자메시지는 몇 건을 보내겠다', '경조사를 챙기자' 와 같이 구체적인 활동 목표를 세우라는 것이다. 이런 활동 목표를 언제 할지는 아래 '약속과 실천 사항' 란의 시간에 맞춰 기록해 놓으면 된다.

자기계발을 위한 계획도 필요하다. 영업 달인이 되려면 영업 관련 전문서적을 읽거나 당신이 취급하는 제품과 관련 있는 책을 꾸준히 읽어야 한다. 바쁜데 언제 책을 읽느냐고 반문하는 영업인도 있을 것이다. 그래도 하루 30분이나 한 시간이라도 책 읽기 계획을 세워 나가야 한다.

또한 체력 관리를 위한 운동 계획, 재충전을 위한 계획을 세워 꾸준히 실천해야 어느 순간 공허해지는 심리 현상을 막을 수 있다. 바쁘게 사는 사람들은 어느 날 갑자기 뒤를 돌아봤을 때 '이게 뭔가'라는 회의감에 빠지는 경우가 많다. 이것을 극복하려면 때때로 여행을 가거나 영화나 연극 또는 독서 등으로 재충전해야 한다. 이런 목표와 실천이 하루하루 쌓이면 결국 매출액 증가와 증원으로 이어질 뿐 아니라 당신의 인생이 풍요로워진다.

둘째, 매일매일 활동 일지를 쓰고 활동 결과를 점검하라. 많은 영업인이 활동 일지를 쓰면 좋다는 사실을 알지만 귀찮아서 쓰지 않는다. 물론 활동 일지를 쓴다고 효과가 바로 나타나지도 않고 쓰지 않는다고 성과가 갑자기 곤두박질치는 것도 아니다. 효과는 서서히 나타난다. 수험생들이 쓰는 오답노트를 아는가? 문제지를 풀고 나서 틀린 문제만 정리해 놓는 노트를 가리킨다. 다음번에 비슷한 문제가 나왔을 때 틀리지 않으려고 쓰는 노트이다. 활동 일지 기능이 오답노트와 같다. 고객을 만나서 상담을 했는데 실패했다면 실패한 이유와 다음에는 어떻게 하겠다고 기록해 놓는다. 그러면 상담 성공률을 높일 수 있다.

활동 일지에 방문 횟수, 상담 횟수, 매출액, 판매 수수료 등을 기록해보라. 이것을 꾸준히 기록하면 영업 활동의 생산성을 분석할 수 있다. 매출액과 판매 수수료를 각각 방문 횟수와 상담 횟수로 나누어보면 방문이나 상담 1회당 매출액과 판매 수수료가 얼마나 되는지 값을 구할 수 있다. 높으면 생산성이 좋은 것이고, 낮다면 생산성이 낮은 것이니 판매기법을 배우고 익힐 필요가 있다.

활동 통계는 개척판매에 항상 따라다니는 침체기를 극복하는 데 도움이 된다. 판매가 되든 안 되든 방문한 곳마다 판매 수수료가 생긴다고 생각해보라. 방문한 곳곳이 수입과 연결된다고 생각해보라. 침체기를 벗어나는 동기가 될 수 있다. 〈표 3-3〉은 활동 일지를 분석해 놓은 자료다.

〈표 3-3〉 활동 일지 분석 자료 (단위: 원)

이름	방문	상담	매출	매출/방문	매출/상담
갑	55	28	4,068,000	73,963	145,286
을	43	10	3,214,000	74,744	321,400
병	38	7	1,235,000	32,500	176,428
정	7	7	416,000	59,428	59,428

〈표 3-3〉에서 갑은 1회 상담마다 매출액이 145,286이고, 을은 321,400원이다. 이를 비교해 보면 갑이 을에 비해 상대적으로 상담 기법이 떨어진다는 사실을 알 수 있다. 을은 상담 기법은 좋지만 그에 비해 상담 건수가 적다. 이는 고객 발굴이나 재구매, 소개판매가

부족하다는 사실을 뜻하므로 이쪽에 마음을 쓰면 아주 좋은 성과를 얻을 수 있다.

이와 같이 영업 활동의 통계를 내보면 영업인이 무엇이 부족하고 무엇이 강한지 알 수 있다. 아울러 주위 동료들과 같이 해보면 재미도 있고 경쟁 의식도 싹튼다. 〈표 3-3〉을 보면 갑이나 을은 한 번 고객을 방문할 때마다 매출이 7만 원 이상 발생한다는 사실을 알 수 있다. 이처럼 매력적인 사실은 통계를 내봐야 비로소 알 수 있다. 상담에 성공을 하든지 실패를 하든지 상관없이 고객 한 명을 만날 때마다 수입이 생기는데 고객 방문을 왜 망설이는가.

다른 통계도 만들어낼 수 있다. 예를 들어 개척을 할 때 가망고객을 몇 번 만나야 매출이 발생하는지를 기록해보라. 5번 이내에 매출 80퍼센트 이상을 올릴 수 있다면 굳이 6~7번 찾아갈 필요가 없다. 과감하게 포기하고, 다른 가망고객을 찾는 게 바람직하다.

셋째, 시종일관 낙관적인 마음을 유지하라.

개척판매는 꾸준함이 생명이다. 그러나 많은 영업인이 짧은 기간 동안만 시도를 해보고 나서 너무 빨리 포기한다. 그러고는 자신은 영업에 재능이 없다고 여겨 다른 생각을 한다. 그러므로 늘 낙관적인 마음을 유지해야 한다. 개척판매를 시작한 후 며칠 동안 판매가 전혀 없다면 당신은 어떤 생각이 드는가? 다음에서 골라보라.

① 나의 판매 방식에 문제가 있으므로 좀 더 연구해야겠다.
② 나는 영업이 적성에 맞지 않는다.

③ 개척 영업이란 본래 어려운 일이다.

④ 운이 나빴다.

당신은 몇 번에 해당하는가? 각각에 해당하는 영업인은 다음과 같은 특징이 있다.

① '나의 판매 방식에 문제가 있으므로 좀 더 연구해야겠다'를 선택한 영업인

아주 낙관적인 영업인이다. 자신의 실패를 노력이 부족했기 때문이라고 생각한다. 환경을 탓하거나 적성이 안 맞는다고 생각하지 않는다. 이런 영업인은 새로운 판매 기법을 배우고, 다음에는 새롭게 시도하여 더 잘해야겠다고 다짐한다. 다음번에 성공한다면 더 많은 자신감을 얻어 성공을 향해 끊임없이 전진한다. 영업 관리자로 성장할 가능성이 많다.

② '나는 영업이 적성에 맞지 않는다'를 선택한 영업인

자신은 능력이 없는 사람이므로 다음번에도 실패할 것이라고 생각한다. 이렇게 부정적으로 생각하는 영업인은 자신을 심하게 깎아내리고 쉽게 좌절하므로 당연히 다음번에도 실패한다. 혹시 성공했다 하더라도 자신은 능력이 없는데 어쩌다 재수가 좋아서 판매했다고 생각하기 때문에 또 다시 시도하는 것조차 싫어한다. 일을 하는 즐거움이 없어 다른 일을 찾는다. 아직 영업을 하는것은 마땅한 다른 일을 찾지 못했기 때문이다.

③ '개척 영업이란 본래 어려운 일이다'를 선택한 사람

영업은 어차피 어려운 일이라 자신은 아무리 노력해도 실패할 수밖에 없다고 생각한다. 혹시 판매에 성공하더라도 그 고객은 사려고 준비하고 있던 사람이므로 자신의 능력과는 상관없는 일이라고 생각한다. 이런 사람은 조금 해보고 포기하는 경우가 다반사다.

④ '운이 나빴다'를 선택한 사람

성공하면 운이 좋았고 실패하면 운이 나빴다고 생각하기 때문에 열심히 일하지 않는다. 판매는 자신의 영업 기법이나 회사의 인지도 등이 매우 중요한데, 그것을 무시하고 운에만 맡기기 때문에 무슨 일을 하든지 의욕적으로 하지 않고 책임을 회피한다.

개척 영업은 성공보다 실패가 많다. 그래서 지치기 쉽다. 일주일에서 열흘 정도 성과가 없으면 대부분의 영업인은 무기력증에 빠진다. 성과가 없을 때는 자신의 판매 방식을 재점검해봐야 한다. 영업을 할 때 필요한 7가지 필수 능력(〈표 1-2〉, 64쪽)을 배우고 익혀서 새롭게 시도해 보라. 성과가 좋은 영업인에게 질문하여 배우는 것도 좋은 방법이다. 내일의 해가 또 뜨듯이 내일도 개척할 곳이 있다고 생각하라. 당신의 능력은 충분하다.

넷째, 편안한 마음으로 고객을 만나라.

처음 영업을 시작하여 고객을 만나러 갈 때는 두렵기 마련이다. 매출에 쫓기다 보면 고객 앞에서 마음이 조급해질 수도 있다. 고객은 영업인의 이런 심리상태를 이미 눈치 채고 있다. 영업인이 불안하면 고객도 불안함을 느끼고, 영업인이 마음을 열지 않으면 고객도 마음을 열지 않는다. 따라서 고객을 편하게 하려면 무엇보다 영업인의 심리상태가 편안해야 한다. 고객을 만나서 편안함을 유지하려면 어떻게 해야 할까? 이시이 히로유키는 《콜드 리딩》(2012)에서 좋은 방법을 우리에게 알려주고 있다.

고객을 마주했을 때, 처음 만난 사람이라고 주눅 들지 말고 오히려 스스럼 없는 사이인 것처럼 두 손을 쭉 펴서 어깨를 감싸는 상상을 하라. 마치 고객의 어깨를 감싸고 있는 것 같은 바로 그 감촉으로 이런저런 이야기를 건네기 시작한다.

명심해야 할 것은 손을 뻗어 고객의 어깨를 감싸는 모습을 시각적 이미지로 떠올려서는 안 된다는 점이다. 오로지 몸의 감각만을 이용해 상상하고 느껴야 한다.

물론 고객의 어깨를 감싸고 상담하는 일은 있을 수 없다. 하지만 상상의 나래는 누구나 자유롭게 펼칠 수 있다. 이미 알고 있겠지만 잠재의식은 실제 체험과 아주 구체적인 상상으로 꾸며낸 체험을 구별하지 못한다. 다시 말해 잠재의식은 현실과 가상세계를 분간하지 못한다. 따라서 잠재의식은 고객의 어깨를 감싸고 있다는 상상만으로도 반응한다. 당신이 마음을 열면 상대도 마치 기다렸다는 듯 마음의 빗장을 활짝 열어준다. '상대의 반응은 당신의 마음을 비치는 거울'이기 때문이다.

'과연 이 방법이 효과가 있을까?'라고 의심하는 영업인도 물론 있을 것이다. 필자도 처음에는 의심했다. 그런데 한번 해보라. 해보지도 않고 의심하는 것만큼 어리석은 짓도 없다. 실천을 해보면 그 효과를 알게 된다.

다섯째, 기존 고객을 관리하는 데 충실하라. 개척 영업에 힘을 쏟다보면 기존 고객을 관리하는 데 소홀하기 쉽다. 이미 구매한 고객이 재구매를 하려면 얼마간 시간이 필요하다고 생각하기 때문이다. 그러나 개척 판매와 고객관리에 시간을 적당히 배분해야 한다. 개척으로만 매출을 올리려면 시간과 에너지가 많이 들어 쉽게 지친다. 기존 고객의 재구매와 소개가 뒷받침되어야 지치지 않으면서 좋은 성과를 낼 수 있다.

고객관리에서 '정기적인 연락 주고받기'는 기본이다. 우리는 가끔 연예인과 마주칠 때가 있다. 처음 보는 연예인이지만 아주 친근하게 느끼고 반갑게 인사를 한다. 왜 그럴까? 텔레비전에서 많이 봤기 때문이다.

영업인이 고객과 자주 만나 얼굴을 보면서 대화를 많이 나누게 되면 자연스럽게 친밀감을 높일 수 있다. 전화 대신 얼굴을 보면서 이야기하고, 이메일 대신 직접 방문하는 것이 더 좋은 결과를 이끌어낸다.

친밀감은 어쨌거나 자주 봐야 생긴다. 영업인이 고객과 정기적으로 연락해야 하는 이유다. 오랜만에 만나 서먹서먹한 상태가 되어서는 재구매나 소개가 일어나지 않는다. 그전에는 편지나 DM 발송, 혹은 전화나 문자메시지로 고객과 정기적인 연락을 했지만 지금은 스마트폰 사용으로 고객관리 방법도 바뀌고 있다.

카카오톡(카톡), 카카오스토리(카스), 페이스북(페북)을 활용하면 고객과 수시로 연락할 수 있다. 카톡은 문자메시지 단계를 넘어 사진이나 동영상도 쉽게 전송할 수 있다. 카스는 더욱 유용하다. 고객과 카스 친구가 되면 고객의 일상사를 수시로 보며 댓글을 남길 수 있고, 나의 일상사를 고객이 볼 수 있도록 올릴 수 있다. 카스 친구를 카친이라 하는데, 카친이 되면 하루에도 몇 번씩 고객과 댓글로 만날 수 있으니 굳이 얼굴을 보지 않더라도 친밀감을 유지할 수 있다. 페북도 마찬가지다. 그런데 카스나 페북을 지나치게 상업적으로 이용하는 영업인이 있다. 자신의 스토리를 온통 상품 사진으로 도배하면 오히려 반감을 살 수 있으니 주의해야 한다.

여섯째, 고객을 만나기 전 미리 조사하라. 영업인은 고객을 만나기 전 최대한 많은 정보를 알아내고, 그것을 바탕으로 상담을 해야 고객을 설득할 수 있다. 영업인이 사전에 조사할 항목은 한두 가지가 아니다. 고객을 만나기 전에 다음의 질문에 답을 찾아내면 아주 훌륭하다.

· 고객에게 당장 필요한 것은 무엇인가?
· 구매 걸림돌은 있는가? 있다면 그것은 무엇인가?
· 구매에 영향을 미치는 제3자는 누구인가?

질문에 답을 찾으면 고객의 입장이 되어 머릿속으로 그림을 그려보자. 고객은 어떤 반응을 보일까? 고객이 구매를 망설이거나 거절하면 어떻게 대응할까? 고객이 어떤 핑계를 댈까? 영업 달인은 이렇게 미리 대응책을 준비하고 고객을 만나러 간다.

일곱째, 항상 질문을 준비하라. 가망고객에게 접근할 때 질문만큼 좋은 방법은 없다. 실제로 당신도 질문을 하면서 가망고객에게 접근할 것이다. 다짜고짜 상품을 설명할 수는 없지 않은가. 그러나 이제 주먹구구식으로 질문하지 말고 고객을 만나기 전에 질문을 계획하고 준비해보자.

눈을 감고 오늘이나 어제 고객을 만났을 때 무슨 질문을 했는지 생각해보라. "안녕하세요?"라고 인사하고 질문을 한 후 추가 질문을 했는가, 아니면 당신의 이야기를 늘어놓았는가. 혹시 질문을 했다면 〈표 3-4〉에 어떤 질문을 했는지 적어보라. 생각나는 질문이 없다면 성과가 그리 좋은 영업인은 아닐 것이다.

〈표 3-4〉 고객에게 던진 질문

번호	질문
1	
2	
3	
4	
5	
6	
7	
8	

쓰지 못했다고 걱정할 필요 없다. 이 책은 당신이 어떤 질문을 해야 할지 친절하고 자세하게 일러준다. 개척판매에서 할 수 있는 효과적인 질문에는 어떤 것들이 있는지 뒤에 나오는 친숙 질문과 탐색 질문에서 자세히 설명하고 있다.

미국의 전설적인 자동차 판매왕 조 지라드의 인맥 만들기 방식은 가망고객을 확보하려는 영업인에게 좋은 방법이다. 다음은 조 지라드의 방식을 재구성한 내용이다. 질문이 어떤 역할을 하는지 눈여겨보기 바란다.

당신은 이런저런 모임에 참석할 것이다. 학부모 모임, 반상회, 친목회, 산악회, 에어로빅이나 헬스회원 모임에서 어떻게 하고 있는지 다음 질문에 솔직하게 답을 해 보라.

① 나는 적절한 모임에 참가하고 있는가?

아무리 많은 모임, 회의에 참석하더라도 실적이 없다면 과연 나의 영업 분야와 그 모임이 얼마나 관련 있는지 분석해 보라.

② 나는 적극적인 참가자인가, 아니면 소극적인 참가자인가?

어느 모임에 나가든지 내가 만든 모임인 것처럼 적극적으로 행동해야 한다. 당신이 그저 참가자 중 한 사람에 불과하더라도, 일찍 도착해서 좌석 배치를 돕고 문가에 서서 사람들을 맞이하라. 그리고 그 밖에 할 수 있는 다른 일들을 도와라. 마치 그 모임의 성공을 책임진 사람이라도 된 것처럼 하는 행동은 다른 참석자들과 자신감

있게 대화를 나누며, 실제 주최자들과 자연스럽게 융화하는 데 도움이 된다.

또한 구체적인 목표를 세우고 모임에 참가해야 한다. 예를 들면 '오늘 밤 나는 새로운 인물 10명을 만나고 명함을 6개 모아서, 내가 거래를 추진하고자 하는 사람 셋을 가려낼 것이다'와 같은 목표를 세우자. 모임에 참석하는 목표를 염두에 두면 그 모임에서 무엇인가를 얻을 가능성이 더욱 커진다.

③ 나는 효율적인 접촉 방식을 알고 있는가? 그리고 그것을 유지하는 방법도 알고 있는가?

어떤 공식 모임에서 사람을 사귈 가장 귀중한 기회는 낯선 사람이 "그런데 무슨 일을 하시나요?"라고 질문을 던질 때다. 이때 당신은 무슨 일을 하는지에 초점을 두는 것이 아니라, 당신이 하는 일이 고객에게 어떤 이득을 주는지에 초점을 맞춰 명확하게 답변해야 한다.

당신이 기능성 건강식품을 취급하는 영업인이라면 당신 회사에 관해 요약해서 사전에 준비해 놓아야 한다. 그러면 낯선 사람과 대면하더라도 현재 거래 중인 고객의 종류, 상대방에게 기능성 건강식품이 필요한 이유, 당신의 역할, 비슷한 기능성 건강식품과 당신의 차별성이 무엇인지를 신속하게 설명할 수 있을 것이다.

만약 상대방이 "무슨 일을 하시는지요?"라고 묻지 않는다면 어떻게 해야 할까? 사람들 대부분은 타인의 말에 귀를 기울이기보다는 자기 자신에 관해 말하는 것을 좋아한다. 그렇다면 당연히 그와 같은 특성을 이용해야 한다. 어떤 사람을 처음 만났다면, 무슨 일을 하는지 질문을 먼저 던져 보라. 상대방은 자기의 직업이나 무슨 일을 하는지 정도는 대답할 것이다. 그러면 그 사람과 악수를 나누고 시선을 응시하며 다시 질문을 던진다. "지금 하시는 일 중에서 가장 어려운 일은 무엇입니까?"라고

당신은 그저 상대방이 이야기보따리를 풀어 놓도록 시동만 걸어 주면 된다. 그러면 상대방은 본인이 처한 상황에 관한 이야기를 늘어 놓기 시작하고, 당신은 그의 시선을 응시하며 최대한 성심성의껏 경청하면 된다. 상대방이 하고픈 말을 다한 조짐이 보이면 다시 질문을 던진다.

"그렇게 열심히 일하시려면 건강이 중요할 텐데, 건강관리는 어떻게 하십니까?"

이렇게 질문하면 '운동을 한다', '소식(小食)을 한다' 등 다양한 반응을 보일 것이다. 그리고 이러한 정보를 알아내게 되면 자연스럽게 건강 문제가 화제가 되어 당신의 활동 공간이 열린다.

④ 일단 확보한 잠재 고객에게 반드시 거래를 시도하고 있나?

앞에 열거한 세 가지 노력으로 거래를 시도할 만한 사람을 찾아 냈다면, 그다음에는 무엇을 해야 할지 잘 알 것이다. 거래에 들어가라! 신속하게! 바로 다음 날 고객을 직접 방문하는 것이 좋다. 더 많은 정서적 교류를 형성하고, 더 많은 질문을 던지며, 더 많은 대화를

나눌 수 있기 때문이다. 가망고객을 만났는데 아무런 성과를 거두지 못했더라도 당신의 잠재고객 명단에 한 사람을 추가했고 이메일, 메모, 정보 제공, 전화 통화처럼 정기적인 접촉 대상으로 삼았다는 데 의미가 있다. 오늘 당신의 상품을 구매할 여건이 안 되거나 능력이 부족하다고 해서 6개월이나 일 년 후에도 그러라는 법은 없다.

3. 길거리에서 판촉하는 법

길거리에서 전단지를 나눠주는 판촉 활동을 한 번쯤은 해보았을 것이다. 파라솔을 펴놓고 하기도 하고, 그냥 서서 지나가는 사람에게 전단지를 주기도 한다. 이 방법은 지치기 쉽고 성과가 금세 나타나지는 않지만 영업인의 정신력을 높이는 좋은 방법이다. 길거리 영업을 부끄럽지 않게 할 수 있는 사람이라면 개척 영업의 두려움을 이미 극복한 사람이다. 꾸준히 하면 분명하게 성과를 거둘 수 있다. 다음 일곱 가지 방법은 길거리 판촉활동에서 성공 확률을 높일 수 있는 방법이다

① **전단지와 견본만을 나눠주지 말고 호기심을 일으킬 수 있는 질문을 하라.**
"○○ 어떠세요?", "○○에 관심 있습니까?", "○○소식 들어보셨습니까?"와 같은 질문으로 고객의 호기심을 자극하여 발걸음을 멈추

게 해야 한다.

② 한 가지 제품만 이야기하라.

일단 가망고객의 발걸음을 멈추게 했지만 많은 이야기를 할 시간이 없다. 그리고 시간이 된다 해도 지나치게 많은 것을 이야기하면 고객은 헷갈려한다. 고객은 결정적인 한마디로 영업인의 기운을 뺀다. "생각해 보겠습니다." 이 말을 곧이곧대로 믿을 영업인은 아무도 없을 것이다. 원인은 영업인에게 있다. 많은 말을 했으니 고객이 좋은 제품을 선택하기 위해 생각하는 것은 당연하다.

③ 횡단보도에서 기다리는 사람을 노려라.

횡단보도 앞에서 길을 건너기 위해 신호 대기하는 사람은 일단 걸음을 멈춘 사람이다. 그들 가운데 당신의 제품을 구매할 것 같은 사람 한 명만 찍어서 공략하라. 여기서 감각이 중요하다. 일단 인상을 보면 끌리는 사람이 있다. 공략 방법은 1번과 2번을 적용하라.

④ 20초짜리 스피치를 준비하라.

횡단보도에서 신호를 기다리는 시간은 몇 분이 되지 않는다. 많은 것을 길게 이야기할 시간이 없다. 짧게 핵심만 설명할 수 있도록 준비하라. 인사, 질문, 설명, 마무리가 1분을 넘으면 가망고객은 횡단보도를 건너가 버린다. 이때 구매 가능성도 함께 건너간다. 그런데 구매 가능한 고객이라는 확신이 서면 함께 횡단보도를 건너고 길을 걸으며 추가 설명을 하라.

⑤ 멋있게 옷을 입고 얼굴에 미소를 지어라.

길거리 영업에서 첫인상은 100퍼센트 영향을 미친다. 아무리 질문을 잘하고 설명을 잘해도 첫인상이 나쁘면 구매확률은 적다.

⑥ 반드시 메모지와 볼펜을 준비하라.

내 정보는 명함으로 해결할 수 있지만 때로는 고객의 정보를 적어야 할 때가 있다. 관심 있는 고객을 만났다면 연락처를 알아두도록 하라. 연락처를 물어보면 가르쳐 주는 사람이 있다. 그 자리에서 판매에 성공하지 못했더라도 가망고객을 한 명 확보한 것이다.

⑦ 어깨띠를 준비하라.

어깨띠를 두르고 서 있는 것만으로도 홍보 효과가 있다. 처음에는 어색할지 모르지만 조금 지나면 내 옷처럼 착용 여부를 잊어버린다. 특히 단체 길거리 홍보에서 어깨띠는 효과를 배가한다.

2. 친숙 질문
– 고객의 마음을 어떻게 열 것인가?

영업에서 가장 힘들 때는 고객을 처음 대면할 때다. 다른 사람 소개로 만나든 개척으로 만나든 고객을 처음 만나러 갈 때는 누구나 긴장하고 두려워하기 마련이다. 웬만큼 영업 경력이 있는 사람도 마찬가지다. 특히 고객 정보가 전혀 없는 개척판매라면 그 두려움과 긴장은 더욱 클 수밖에 없다.

그런데 두려움을 느끼기는 고객도 마찬가지다. 고객도 낯선 사람이 문을 열고 들어와 "ㅇㅇ사 ㅇㅇㅇ입니다"라고 밝히면, 구매에 대한 두려움이 생긴다. 물건을 구매할지도 모른다는 두려움은 특히 귀가 얇은 사람에게 두드러진다. 영업인에게 잘 대해주면 착 달라붙어 시간도 없는데 상품 설명을 장황하게 늘어놓을 테고, 그러면 물건을 사야할 것 같은 두려움에 일부러 무관심한 척한다. 그래서 눈도 마주치지 않으며 무정하게 "바빠요"라고 말한다. 상대해주면 귀찮아지기 때문이다.

고객이 그런다고 해서 순순히 물러나면 영업 달인이 될 수 없다. 어쨌든 틈을 만들어 비집고 들어가야 한다. 바로 이때 필요한 '강력한 무기'가 질문이다. 가망고객의 무관심과 냉대를 무릅쓰고 비집고 들어갈 틈을 찾아내는 것, 그것이 바로 친숙 질문의 기능이다. 고객의 마음을 얻으려면 '칭찬하라'는 말을 들어봤을 것이다. 그런데 이 칭찬을 질문으로 표현하면 더 강력한 효과를 발휘한다.

> 영업인: 안녕하세요? ㅇㅇ회사 △△△입니다. 기능성 건강식품 드시는 것 있으세요?
>
> 고　객: 지금 바빠요.

평범한 영업인은 이렇게 대화를 시작하여 수많은 가망고객한테서 쫓겨나고 상담 기회를 놓쳐버린다. 고객의 무관심을 이 정도로 뚫을 수 있다면 누가 영업을 힘들다 하겠는가. 영업 달인의 접근방법을 보자.

> 영업인: 안녕하세요?　ㅇㅇ회사 △△△입니다. 고객님, 피부가 너무 좋으시네요. 어디서 관리받으시나요?
>
> 고　객: (기뻐하며) 어디서 오셨는데요?

평범한 영업인과 영업 달인은 분명히 다르다. 재빨리 칭찬할 거리를 찾아내어 질문 형식으로 칭찬을 하게 되면 아주 완고한 사람이 아닌 이상 마음의 문이 조금은 열린다. 영업 달인은 바로 그 틈을 놓치지 않고 탐색 질문으로 연결한다. 질문으로 칭찬하는 예를 몇 가지 더 보자.

- 사장님, 직원들 표정이 참 밝네요. 특별한 방법이 있나요?
- 어느 미용실에서 머리하셨어요? 진짜 잘 나왔네요.
- 가방 정말 예쁘네요. 어디서 구입하셨어요?
- 날씬하시네요. 평소 자기관리를 잘하시나 봐요. 어떻게 하는지 방법 좀 알려주실래요?

질문으로 칭찬할 때는 위의 예처럼 열린 질문이 중요한데, 고객에게 말 걸기로는 이만한 게 없다. 닫힌 질문만 계속하면 대화가 끊겨버린다. 다음 장면을 보자.

영업인: 고객님 가방이 예쁜데 새로 사셨어요?

고　객: 예.

영업인: 백화점에서 사셨나 보죠?

고　객: 예.

영업인: 가죽인가 봐요?

고　객: 예.

이렇게 닫힌 질문만 이어서 하다보면 대화가 끊어져 고객의 마음을 열 수 없다. 그러므로 고객의 관심사를 고객 스스로 말하게 하는 열린 질문이 효과가 크다.

영업인: 고객님, 음악을 좋아하시나 봐요. 주로 어떤 음악을 좋아하세요?

고   객: 저는 클래식을 좋아하는데, 특히 베토벤을….

고객은 자기가 관심 있고 좋아하는 분야와 관련 있는 질문을 받으면 말을 하고 싶어 한다. 골프를 좋아하는 고객에게는 골프 관련 질문을, 화초를 좋아하는 고객에게는 화초 관련 질문을, 음악이나 미술을 좋아하는 고객에게는 그와 관련 있는 질문을 하면 고객의 마음을 열기 쉽다.

여성은 대부분 외모를 칭찬하면 좋아한다. 그러나 "예쁘십니다" 정도로는 칭찬 효과를 충분히 거둘 수 없다. 질문을 해서 고객이 자랑할 수 있는 기회를 줄 때 칭찬의 효과가 살아난다. "오늘 귀고리가 참 어울립니다. 어디서 사셨어요?" 하는 식이다. 고객의 귀고리가 흔히 볼 수 없는 것이고, 보기에 어울린다는 생각이 들면 이렇게 칭찬해야 한다. 두 번째 문장을 보자. "어디서 사셨어요?"라는 말이 진짜 어디서 샀는지 궁금하여 묻겠는가? 단지 보기 드문 귀고리라는 점을 강조하려는 질문이다. 이렇게 질문으로 칭찬을 강조하면 고객을 더욱 기분 좋게 할 수 있다. 몇 가지 예를 더 들겠다.

· 참 아름다우신데, 특히 눈이 정말 예쁘시네요.
· 파마가 잘 나왔네요. 어느 미용실에서 했어요?
· 오늘 원피스가 정말 잘 어울려요. 어디서 사셨나요?

이렇게 질문으로 외모를 칭찬한 후 성격이나 인품으로 그 범위를 넓혀가야 한다. 사람들은 외모와 어울리는 인품을 갖고 싶어 한다. 그래서 자기 내면에 어울린다고 생각하는 옷을 입고 화장을 하고 액세서리를 한다. 이때는 굳이 질문이 아니어도 좋다.

· 제가 상담을 하면서 느끼는 건데 겉모습만 아름다운 게 아니라 마음씨도 참 고우시네요.
· 사모님은 다른 사람을 배려하는 마음이 남다르신 것 같아요.
· 좋은 집에 사시는 분들은 영업인을 안으로 들어오라는 말을 안 하는데, 이렇게 차까지 마시라고 주시니 정말 감사합니다.

우연히 중학교 교장으로 정년퇴직한 분을 알게 되었다. 그분 귀를 살펴보니 그 연세에 있을 법한 질병이 있었다. 특히 무릎과 엉덩이 뼈가 많이 아프신 것 같았다. 그렇다고 대뜸 "무릎과 엉덩이뼈 많이 아프시죠?"라고 들이대면 실례다. 우선 그분의 마음을 여는 것이 중요하다. "선생님은 그 연세에도 피부가 참 좋으세요. 교직에 평생을 계셨으면 속상한 일도 많으셨을 텐데 참 대단하시네요. 교직을 천직이라고 하는데 선생님은 속 썩는 일 없이 즐겁게 일하셨나 봐요.

쉽지 않은 일인데 참 대단하시네요. 아이들을 가르치며 재미있는 일화 같은 것 있으세요?"라고 질문하자, 그분은 "맞아요. 재미있게 했어요. 아이들을 보면 지금도 좋습니다. 학교에 돌아가고 싶을 때가 많아요"라고 답했다. 나는 "대단하시네요. 지겹다고 하시는 분들도 있는데…. 대한민국 선생님들이 모두 선생님처럼 사명감으로 아이들을 가르친다면 참 좋을 텐데요"라고 칭찬을 이어갔다.

칭찬을 싫어하는 사람은 없다. 마음이 많이 열린 듯하여, "선생님, 무릎과 엉덩이뼈가 좀 편찮으시지 않으세요?"라고 질문했다. 그분은 잠시 멈칫하시며 어떻게 알았느냐고 물었다. 그 뒤의 결과는 뻔하지 않은가. 물론 칭찬 한마디가 계약으로 이어지는 것은 아니다. 그리고 고객에게 제품을 팔기 위해 마음에도 없는 칭찬을 하는 것도 좋지 않다. 고객은 안다. 영업인이 진심으로 자기를 대하는지 물건을 판매하기 위해 감언이설을 하는지.

여성이 사업이나 직장 생활, 봉사 활동, 시민단체 활동을 활발하게 하면 좋은 칭찬거리다. 사람은 누구나 자기가 능력 있는 사람으로 평가받기를 원한다. 또한 자신의 사회 활동, 봉사 활동이 다른 사람에게 알려지기를 은근히 원하는 사람도 있다. 이런 칭찬거리들도 질문으로 마무리 짓는 게 중요하다.

· 여성 중 활발하게 사업하시는 분이 얼마나 되겠습니까? 저는 겁이 많아서 사업을 못 하겠는데, 참 대단하십니다. 사업을 어떻게 시작하게 되셨어요?

- 저 살기도 바쁜 세상인데, 지역에서 이렇게 훌륭한 일을 하시다니 참 대단하십니다. 많은 사람들이 회장님 활동에 동참했으면 좋겠습니다. 보람도 느끼시죠?
- 여성이 바깥 활동을 하려면 많은 제약이 따르는데 참 대단하세요. 아이들도 그렇게 공부를 잘한다면서요?
- 돈 많고 시간 많다고 봉사활동하는 게 아니잖아요. 회장님 같은 분들이 계시니 이 사회가 살 만한 거예요. 그렇게 봉사활동을 하시는 데 남다른 이유가 있을 텐데 여쭤 봐도 될까요?

가망고객이 자신의 경험담이나 활동 내용을 자랑하도록 유도하려면 질문이 필요하다. 질문을 받으면 가망고객은 자신의 이야기를 시작할 것이다. 조금은 쑥스러워하며, 조금은 자랑스럽게 이야기할 때 당신은 가끔 맞장구만 쳐주면 된다. "네, 그래서요?", "정말 대단하시네요", "그다음은 어떻게 되었어요?"와 같은 말은 추임새가 되어 가망고객의 이야기에 신바람을 일으킬 것이다.

고객이 남성이라면 조금 다르게 칭찬을 해야 한다. 여성은 외모, 옷, 액세서리 따위를 먼저 칭찬하고 성격이나 인품을 칭찬하지만, 남성은 반대 순서로 해야 좋아한다. 남성은 외모보다는 성격, 능력, 의지, 업적, 리더십 따위를 칭찬하며 접근할 때 효과가 있다.

- 사장님께서는 사업에 성공하신 특별한 비법이 있나요?
- 버스를 타고 오면서 사장님이 어떤 분일까 많이 궁금했는데, 성

격도 호탕하시고 참 멋있으세요.

· 회장님께서 단체를 관리하시면서 활동이 활기를 띠었다는 이야기를 들었습니다. 쉽지 않은 일인데 특별한 방법이라도 있나요?

부동산 사업을 하는 50대 후반 정도 된 사장을 우연한 기회에 알게 되었다. 부동산에 투자하여 아주 많은 돈을 벌어 지역에서는 재력가로 알려진 사람이었다. 명함을 받아보니 명함 뒷면에 ○○대학교 경영대학원 졸업, ○○클럽 회원, ○○동창회 이사 같은 경력이 빼곡히 들어차 있었다. 한여름에도 항상 정장을 하고 다녔고 사무실에는 유력 인사들과 함께 찍은 사진과 감사패 등이 눈에 잘 띄게 진열되어 있었다. 이런 고객은 누구보다 칭찬에 약하다.

여기서 잠깐 아부와 칭찬을 구별해야 한다. 그럴 마음이 전혀 없으면서 단지 그 사람에게 잘 보여 어떤 이득을 취하려고 칭찬을 한다면 그건 아부다. 그러나 가망고객에게 당신이 취급하는 상품이 반드시 필요하지만 아직 그 필요를 느끼지 못할 때, 그래서 고객의 문제를 해결하기 위한 수단으로 칭찬을 한다면 그건 진짜 칭찬이다. 당신이 취급하는 제품으로 고객의 문제를 해결할 수 있다면 보람 있는 일 아닌가. 이분에게는 심장질환이 있었다.

"사장님, 대단하십니다. 어린 시절은 어려웠는데 자수성가하셨다고 하더라고요. 저도 부동산에 관심을 가지려고 하는데 처음에는 어떻게 하는 게 좋은지 통 모르겠던데, 특별한 비법이라도 있습니까?"라고 질문하자 "비법이랄 게 뭐 있나요. 그냥 열심히 살다보니 이렇게 되었지요" 라면서 간단히 말을 끝내려 했다.

그래서 다시 칭찬과 질문을 이어갔다.

"그래도 아무나 되나요. 사장님 능력이 대단하신 겁니다. 경제를 읽는 눈, 나라 전체의 경기 흐름을 바라보는 감각이 탁월하지 않으면 부동산업을 할 수 없다는데 대단하신 거죠. 그리고 알고 보니 사장님은 지역사회에서 봉사도 많이 하시고 어려운 사람들을 위해 후원금도 많이 내신다는 말을 들었어요. 봉사활동을 하시게 된 계기라도 있습니까?"

그러자 그분은 조금씩 마음을 열며 자신의 이야기를 시작하게 되었다. 고객이 마음을 열고나면 그다음부터는 쉽다. 마음이 열리면 지갑이 열리는 법이다.

평범한 가정주부라면 아이를 칭찬하는 게 효과적이다. 자식 잘되기를 싫어하는 부모가 없듯이 자식이 다른 사람한테 좋은 평가를 받는다면 이보다 더 큰 기쁨이 어디 있겠는가. 좋은 대학에 입학했을 때, 상장을 받았을 때, 그림이나 피아노 대회에서 입상했을 때, 질문으로 칭찬하면 효과를 높일 수 있다.

· 아이가 아주 씩씩한가 봐요?
· 어떻게 하면 공부를 잘할 수 있나요? 고객님은 어떻게 공부시키세요?
· 애가 아주 똑똑하게 생겼네요. 책을 많이 읽나 보죠?
· 어머, 애가 그림을 잘 그리나 봐요. 어떻게 하면 그림을 잘 그릴

수 있어요?
- 피아노를 잘 쳐서 상을 받았나 보네요. 피아노를 얼마 동안 배 웠나요?

  공부 못하는 아이, 객관적으로 칭찬받을 게 아무것도 없는 아이, 학교에서 말썽만 부리는 아이가 있는 부모라면 얼마나 마음고생이 많겠는가. 이때를 칭찬 기회로 삼아보는 것은 어떨까. 아이 편에서 이야기를 해주면 가망고객의 마음은 활짝 열린다.

- 걱정 마세요. 장난꾸러기가 출세한다고 하잖아요. 그렇죠?
- 학교 다닐 때 공부하는 데 쓰는 머리와 사회에 나와서 쓰는 머리 는 다르잖아요. 제 친구도 학교 다닐 때는 보잘것없었는데, 지금 은 사업으로 돈을 많이 벌어 얼마나 떵떵거리고 사는데요.
- ○○ 시의원 아시죠? 학교 때는 공부도 못하고 말썽만 부렸대 요. 그래도 지금은 출세했잖아요. 그러니 너무 걱정하지 마세 요. 자기 복은 자기가 타고난다는 말이 있잖아요.
- 영민이는 진짜 씩씩해서 좋아요. 영민이 같은 애가 나중에 출세 한대요.
- 애가 친구를 잘 사귀는 걸 보니 대인관계가 좋은가 봐요. 공부 만 잘하면 뭐해요.
- 해찬이처럼 성격이 좋아야 되요. 보세요. 해찬이는 크게 될 거 예요.

  우연히 만난 고객 집 애가 학교에 적응하지 못하고 고등학교를 자퇴했다. 텔레비전 드라마에서 제빵에 관한 것이 나오자 자기도 제빵 학원에 다니겠다고 자퇴했다고 한다. 부모 입장에서는 기가 막히는 일 아닌가? 축구 선수 이청용 선수를 예를 들어 다음과 같이 칭찬해 줬다.

  "그것은 동준이에게 꿈이 있다는 거예요. 축구 선수 이청용 아시죠? 그 선수는 중학교 중퇴하고 축구에만 전념하여 국가대표 선수가 되어 월드컵에 나가고, 지금은 영국 프리미어리그에서 뛰고 있잖아요. 동준이처럼 미래에 꿈이 있는 아이들이 다음에 크게 되는 거예요. 학교만 열심히 다니면 뭐해요. 일찍이 자기가 좋아 하는 일을 찾아가는 것도 괜찮아요. 나는 동준이가 달리 보여요. 그러니 걱정하지 마시고 열심히 하라고 동준이에게 격려해 주세요.”

칭찬은 이처럼 가망고객의 마음을 위로한다. 당신은 고객의 말동무가 되어 고민과 걱정거리를 잊을 수 있는 좋은 기회를 마련한 것이다. 칭찬은 습관이 안 되어 있으면 하기가 쉽지 않다. 칭찬거리를 찾아내는 일도 쉬운 게 아니다. 남들과 다른 칭찬으로 고객의 마음을 열려면 평소 칭찬거리를 찾아내어 사심 없이 칭찬하는 연습을 해야 한다. 지금 옆에 있는 사람을 보라. 칭찬할 점을 찾아보자. 그리고 칭찬해보자.

사전에 정보가 있다면 미리 질문을 준비할 수 있겠지만, 정보가 전혀 없는 개척판매라면 눈썰미가 중요하다. 문을 열고 들어갈 때 0.1초 안에 관찰하여 거기에 맞는 질문을 만들어 내야 한다. 그러나 아무리 임기응변에 능한 사람도 이건 쉬운 일이 아니다. 상황에 맞는 질문을 미리 뽑아놓고 연습해야 반사적으로 질문할 수 있다.

고객의 틈을 비집는 방법으로 호기심을 불러일으키는 질문을 할 수도 있다. 또한 아래에 있는 예처럼 친숙 질문과 탐색 질문을 적절히 섞으면 가망고객의 호기심을 유발할 수 있다.

· 여유자금 활용 방법을 알려드리려고 왔습니다. 고객님의 재테크 방식은 무엇입니까?

· 저희 회사에서 고객체험 행사를 하는데 한번 해보시겠습니까?
· 건강 관련 설문지를 받고 있는데, 번거로우시겠지만 건강 상태
  도 알아보고 선물도 받아 보실래요?

이렇게 호기심을 일으키는 질문을 하면 바쁜 고객에게 문전박대 당하지 않고 상담할 기회를 얻을 수 있다. 친숙 질문에는 칭찬 질문, 호기심 유발 질문 외에 공통점을 찾아내는 질문, 고객을 띄워주는 질문 등이 있다. 어떤 친숙 질문을 하느냐는 분위기에 따라 결정하면 된다. 처음 방문했는데도 말을 잘 받아 주고 차 한 잔 하라는 등 친절히 대해주는 고객이 있다. 쉽게 마음을 여는 가망고객이라면 바로 탐색 질문을 하면 된다.

물론 분위기가 냉랭한 곳도 있다. 질문을 해도 잘 받아 주지 않고 방문 자체를 귀찮게 여기는 곳에서는 굳이 오래 있을 필요가 없다. 그럴 만한 일이 있을 거라고 생각하라. 결코 당신에게 문제가 있는 것이 아니다. 그런데 참 재미있는 일은 갈 때마다 친절하게 대해주긴 하는데 구매하지 않는 고객이 있고, 처음 갔을 때 냉담하다가도 한두 번 가다보면 오히려 우수 고객이 되는 경우가 있다는 것이다. 따라서 어떤 고객, 어떤 경우를 만나든 실망할 필요가 없다.

친숙 질문은 너무 많이 할 필요가 없다. 영업인의 목적은 제품 판매다. 따라서 어느 정도 고객의 마음이 열리면 문제를 알아내는 탐색 질문으로 넘어가야 한다. 사실 개척판매에서 가장 중요한 것은

분위기 파악이다. 가망고객이 한 명만 있는 곳도 있고, 여러 명이 함께 있는 곳도 있다. 경험이 많고 쾌활한 성격이라면 분위기를 주도할 수 있겠지만, 내성적이고 조용한 성격이라면 그 분위기에 자신을 맡겨야 한다. 그리고 친숙 질문으로 고객의 눈도장을 받아놓아야 한다. 그래야 다음번에 방문할 때 당신 얼굴을 기억할 수 있다. 다음은 여러 가지 친숙 질문 유형들이다.

공통점을 찾아내는 질문

· 고향이 ○○이신가 봐요? 나는 △△에서 왔는데….
· 아이가 중학생인가 봐요? 어느 학원이 좋은가요? 저도 중학생 딸이 있어서 마음이 많이 쓰여요.
· 교회 다니세요? 저는 ○○교회 다니는데 고객님은 어느 교회 다니세요?
· 영화에 관심이 많으신가 봅니다. 저는 최근에 ○○영화를 봤는데, 고객님도 보셨나요?

고객을 띄워주는 질문

· 사장님은 사업에 성공하신 특별한 방법이 있나요?

- 아이가 공부를 잘한다고 하던데 비결이 있나요?
- 몸매관리를 잘하셨네요. 특별한 방법이 있나요?
- (골프채 가방이 보이면) 골프를 좋아하시나 봐요?
- 가구가 참 고급스러워 보이네요. 어떻게 하면 이런 감각을 키울 수 있어요?
- (감사패나 상장이 보일 때) 사장님은 지역에서 좋은 일을 많이 하시나 봐요?

고객 띄워주기 질문은 보험왕 토니 고든의 사례가 매우 적절하다. 토니 고든은 사업에 성공한 고객을 만나면 이렇게 물었다.

"사장님, 지금의 사장님이 있기까지 어떤 노력을 하셨는지요?"
"지금 사업을 위해서 어떻게 사업을 시작하셨는지요?"

성공한 사업가들은 자부심이 남달라 자기의 성공담을 이야기하고 싶어 한다. 그 욕구를 질문으로 자극하여 고객이 말하게 하면 고객에 관한 정보를 알아낼 수 있다. 고객이 자신의 성공담을 이어갈 때 토니 고든은 다음과 같이 맞장구를 쳤다.

"그래서 어떻게 하셨어요?"
"어떻게 그렇게 하기로 결정하셨나요?"
"결과에 만족하시나요?"

"전적으로 사장님의 노력으로 성공하셨나요? 아니면 누군가의 도움으로 성공하신 건가요?"

그리고 고객이 자신의 성공담을 마치려고 할 때 두 번째 질문을 했다.

"앞으로 어떤 방향으로 나아가실 건가요?"

이렇게 하면 고객은 미래에 자신이 원하는 것, 자신이 열망하는 것, 자신의 희망과 포부와 계획을 말할 것이다. 고객은 당신 질문에 답변하면서 한껏 고무된다. 또한 당신은 고객의 머릿속에 믿을 만한 사람으로 자리 잡는다.

자료 인용 질문

고객에게 신문, 텔레비전, 잡지에 나온 기사를 인용하여 질문하면 효과가 있다. 고객을 만나기 전에 가망고객의 업종이나 하는 일 또는 현재 고민하는 문제를 미리 알고 있다면 대중매체에서 소개한 정보를 제공하여 마음을 열 수 있다. 따라서 영업인은 새로운 정보에 늘 귀를 열고 있어야 한다. 신문이나 잡지에서 영업에 필요한 정보나 고객에게 유익한 정보를 수집해야 한다. 이런 정보를 바탕으로 질문을 하면 훨씬 설득력이 있다. 고객은 당신과 만나면 좋은 정보를 얻을 수 있어 기뻐할 것이다.

- 최근 ○○일보와 △△일보에서 □□에 관한 기사를 읽었는데, 고객님 생각은 어떠신지요?
- 얼마 전에 탤런트 ○○○ 씨가 심장수술을 받았다는데 고객님은 이 문제를 어떻게 생각하십니까?
- 어제 신문을 보니 ○○년 후에는 국민연금이 고갈된다고 하더군요. 이제 국민연금이나 종신보험 하나만으로 노후를 안심하기에는 불안하다고 생각하지 않으세요?
- ○○일보를 보니 △△ 지역이 개발제한 구역에서 풀릴 거라고 하더라고요. 그곳에 투자하려는 사람들이 많다고 하던데, 고객님은 관심이 있으신가요?
- ○○식당은 △△ 방법으로 식당을 운영해서 손님이 많다고 하던데, 고객님도 그 방법을 사용하시면 사업에 유리하지 않을까요?

당신의 상황에 맞게 친숙 질문을 추가로 만들 수도 있다. 예로 든 질문들을 당신의 언어 습관에 맞춰 당신의 언어로 고쳐서 사용하면 된다. 다만 머릿속으로 장면 하나하나를 상상하며 연습하라. 동료와 함께 연습하면 더욱 좋다. 연습이 습관이 되고 습관이 당신을 성공으로 이끌어 줄 것이다.

자기계발 전문가인 전미옥 씨는 《위대한 리더처럼 말하라》(2007)에서 '쿠션언어'의 중요성을 말했다. 쿠션은 없어도 상관없지만 있으면 편리하게 사용할 수 있는 소품이다. 쿠션언어는 말랑말랑한 배려의 언어로 '죄송합니다만', '번거로우시겠지만', '실례합니다만'과 같은 말이다.

이런 말은 상대방으로 하여금 세심한 배려와 정성을 느끼도록 한다. 고객에게 사용하면 친밀감을 느끼는 데 도움을 준다. 쿠션언어를 좀 더 알아보자.

- 역시 ○○ 씨가 최고예요. (능력을 칭찬하고 싶을 때)
- 인상이 참 좋으시군요. (처음 만난 사람에게)
- 분위기가 참 좋습니다. (방문 시)
- 넥타이 색깔이 참 좋습니다. (새로운 넥타이를 맨 동료에게)
- 뭐 도와드릴 거 없을까요? (일을 하고 있는 그 누구에게라도)
- ○○님 덕분이에요. (고마움을 표하고 싶은 사람에게)
- 제게 맡겨주세요. (할 일이 많아 힘겨운 사람에게)
- 오늘 참 멋지신데요. 5년은 젊어 보여요. (평소보다 조금 다른 차림의 사람에게)
- 오늘 함께해서 즐겁습니다. (헤어지는 자리에서)
- 항상 기도하겠습니다. (어려운 일을 겪고 있는 사람에게)

다 알고 있다고 생각하는가. 그렇다면 이 말들을 얼마나 자주 사용하는지 생각해보라. 이런 말은 습관적으로 입에 달고 살아야 한다. 작은 노력이 당신을 영업 달인으로 만들어 준다.

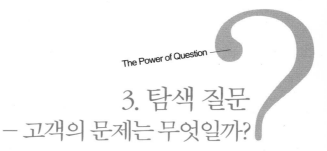

3. 탐색 질문
– 고객의 문제는 무엇일까?

탐색 질문은 고객의 상황과 문제를 알아내려는 질문이다. 고객의 상황과 문제를 알아내면 고객에게 있는 어려움, 불만, 욕구도 파악할 수 있다. 고객의 상황도 제대로 알지 못하면서 물건만 팔려고 한다면 달가워할 고객은 아무도 없다. 또한 고객을 만나자마자 다짜고짜 당신에게 이런저런 문제가 있으니 우리 제품을 구매해야 한다고 주장하면 어떻게 될까? 고객은 불쾌하게 생각한다. 아주 건방진 영업인으로 낙인 찍혀 당신을 만나는 것조차 거부할지 모른다.

그러므로 고객의 문제를 영업인이 직접 지적하면 안 된다. 영업인은 탐색 질문을 하면 된다. 고객은 영업인의 탐색 질문에 답변을 하면서 자신의 문제를 스스로 깨닫기 때문이다. 그렇다고 해서 고객 상황을 파악하고자 마치 심문하듯 꼬치꼬치 질문하는 것도 실례다.

상황은 고객을 만나기 전에 미리 파악하는 게 최선이다. 연고고객이라면 이미 알고 있을 테고, 소개받은 고객이라면 소개해 주는 사람한테서 가능한 한 많은 정보를 얻어야 유리하다.

　탐색 질문을 할 때 중요한 점이 있다. 반드시 영업인이 취급하는 제품으로 해결할 수 있는 고객의 문제에 관한 질문이어야 한다는 것이다. 영업인이 취급하는 제품으로 해결할 수 없는 문제를 질문하면 시간 낭비다. 그러므로 영업인은 자신이 취급하는 제품이 고객의 어떤 문제를 해결할 수 있는지부터 알아야 한다. 이것을 제대로 알지 못하면 본의 아니게 거짓말을 하거나 과장하여 판매하게 된다. 고객의 상황과 문제를 파악하는 데 도움이 되는 탐색 질문들을 살펴보자.

· 건강 검진은 받으셨나요?

· 다이어트에 관심 있으시죠?

· 매출 증대에 어떤 문제가 있습니까?

· 지금 회사의 가장 큰 문제는 무엇입니까?

· 고객님, 건강을 위하여 지금 가장 시급한 것이 무엇입니까?

· 고객님, 노후를 위해 특별한 재정 계획은 세우셨는지요?

· 구매하실 때 가장 중요하게 생각하는 것은 무엇입니까?

· 고객님은 이 문제를 어떻게 생각하십니까?

· 고객님은 보험을 어떻게 생각하세요?

· 고객님은 계약하실 때 어떤 부분을 가장 중요하게 생각하세요?

· 지금 고객님께 가장 중요한 것이 무엇입니까?

영업인은 고객을 만나기 전에 위와 같은 탐색 질문을 준비해 놓고 연습해야 한다. 그다음으로 중요한 것은, 탐색 질문을 했을 때 고객이 자신의 문제를 순순히 말했다고 그것이 고객 문제의 전부인 것처럼 바로 해결책을 제시하면 안 된다는 점이다. 영업인은 고객의 문제를 더욱 분명하게 알 수 있도록 탐색 질문을 계속 추가해야 한다. 그래야 고객의 문제를 확실히 알게 되고, 고객도 자신의 문제를 명확하게 인정하게 된다. 2차, 3차 추가 탐색 질문은 다음 문장에 대입하여 연습해보라.

· 고객님께 어떤 문제가 있는지 확실히 알고 싶습니다. 고객님의 ○○ 문제를 좀 더 말씀해 주시겠습니까?
· 얼마나 자주 일어납니까?
· 항상 그런가요, 아니면 일시적인가요?
· ○○이 고객님께 가장 큰 골칫거리입니까? 다른 문제는 없나요?

위의 예문에 당신이 취급하는 제품으로 해결할 수 있는 고객의 문제를 대입해서 질문을 만들면 된다.

· 고객님이 느끼시는 증세를 좀 더 자세히 말씀해 주실래요?
· 다리저림 증세가 얼마나 자주 일어납니까?
· 고객님 얼굴의 여드름은 일시적인 증세인가요, 아니면 오래된 문제인가요?

· 고객님께서는 피로가 가장 큰 골칫거리입니까? 다른 문제는 없
나요?

기능성 건강식품에 관한 탐색 질문

만일 기능성 건강식품을 취급하는 영업인이라면 고객의 문제는
곧 건강 문제다. 고객의 건강 문제를 알아내려면 관형찰색(觀形察色)
능력이 있으면 유리하다. 관형찰색이란 신체의 모양이나 색을 보고
건강을 진단하는 방법을 말한다. 처음 보는 고객에게 대뜸 아무런
근거도 없이 "간 기능이 어떠세요?", "신장 기능은 정상인가요?"라고
물어볼 수는 없지 않은가. 한의학에서는 망진(望診), 문진(聞診), 문진
(問診), 절진(切診)을 4진(四診)이라 하여 환자의 얼굴과 몸을 보고 만
지며 병을 진단한다.

기능성 건강식품을 취급하는 영업인도 망진법을 알고 있으면 유
리하다. 망진법으로 고객의 상태를 관찰한 후 적절한 탐색 질문을
하면 그것이 곧 문진(問診)이다. 이때는 매우 조심스럽게 질문해야
한다. 비록 당신이 고객의 상태를 정확히 알아냈다 해도 너무 단정
적으로 말하면 고객은 한 발 후퇴하여 부정하기도 하고, 속으로 비
웃을 수도 있다. '자기가 알면 얼마나 안다고…' 하고 말이다.

그러나 이해하라. 당신은 기능성 건강식품을 취급하는 영업인이
지 의사나 약사처럼 자격증이 있어서 객관적으로 인정받은 전문가

는 아니지 않은가. 영업인 스스로 알 만큼 안다고 해봤자 소용없다. 세상이 다 그런 것이다. '고객이 항상 옳다'는 것을 명심하라.

고객의 얼굴 상태나 안색을 보면서 다음과 같이 조심스럽게 질문해보라.

· 제가 보기에 간 기능이 떨어지는 것 같은데, 평소 피곤함을 많이 느끼시죠, 고객님?
· 혹시 혈액순환은 괜찮은가요?
· 다리가 저리거나, 손발이 차지 않으세요?
· 혹시 변비 있으세요?
· 소화기관의 기능이 떨어지지 않나요?
· 속이 쓰리고 아플 때가 있지 않나요?

당신이 제대로 질문했다면 고객의 반응은 두 가지다. 아니라고 부정하며 뒤로 빼든지, 아니면 깜짝 놀라며 "어머나, 어떻게 아셨어요?"라면서 자신의 건강 문제를 술술 풀어놓기 시작한다.

개척판매를 할 때 바쁘게 일하는 고객의 얼굴을 제대로 관찰하기란 쉽지 않다. 이때에는 적당히 탐색 질문을 하면 성공 확률이 꽤 높다. 처음 개척을 하는 영업인은 고객을 만나 "안녕하세요? ○○회사 △△△입니다. 여기 전단지 놓고 갈게요. 시간 있을 때 한번 보세요"라고 말하고는 그냥 나오게 마련이다. 그러면 어떻게 될까? 그 전단지는 곧 바로 쓰레기통으로 들어갈 것이다.

그러므로 전단지만 주고 나오지 말고 탐색 질문을 한번 던져보는 자세가 중요하다. 젊고 날씬한 사람이라면 "변비 있으세요?"라고 질문해보자. 이런 사람은 변비가 있을 가능성이 높다. 40~50대라도 뚱뚱한 사람을 만나면 "무릎이 아프지 않으세요?"라고 질문해보자. 그냥 전단지만 주고 나올 때보다 판매 성공률을 훨씬 더 높일 수 있다. 잘 모르겠거든 감각적으로 넘겨 짚어보면 된다. 아니면 말고 다음 고객을 만나러 가면 된다.

다음은 기능성 건강식품 영업에서 활용할 수 있는 탐색 질문이다.

· 현재 고객님의 건강 문제는 무엇입니까?
· 왜 그런 문제가 생겼다고 생각하십니까?
· 고객님이 기능성 건강식품을 구매하실 때 가장 중요하게 생각하는 것은 무엇입니까?
· 고객님, 건강을 위하여 지금 가장 시급한 게 무엇이라 생각하십니까?
· 혹시 변비 때문에 고생하지 않으세요? 화장실은 며칠에 한 번 가세요?
· 속이 쓰리거나 아프지 않으세요? 그런 증세는 주로 언제 나타납니까?
· 감기와 같은 잔병치레를 자주 하시나요?
· 위에 염증이 있나요? 증세를 좀 더 자세히 말씀해 주실래요?
· 팔다리가 얼마나 저린가요? 항상 그런가요, 아니면 일시적인가요?

· 혹시 손발이 차갑지 않으세요?

· 다리에 쥐가 얼마나 자주 나나요?

· 조금만 걸어도 숨이 차며 답답하지 않으세요? 가슴이 조여드는 증세도 있나요?

· 고객님의 증세를 좀 더 자세히 말씀해 주시겠습니까?

· 원인 불명의 두통이 있거나 어지럼증이 자주 생기나요?

· 무릎이 아프지 않으세요? 증세에 관해 좀 더 말씀해 주시겠습니까?

· 관절이 붓거나 뻣뻣한가요?

· 골밀도 검사는 받아 보셨어요?

· 우리나라 여성들은 칼슘이 많이 부족하다고 하던데 혹시 들어 보셨나요?

· 계단을 오르내리실 때 불편하신가요?

· 평소 과일이나 채소를 많이 드시나요?

· 하시는 일에 집중이 안 되거나 신경이 예민해지지 않았습니까?

· 혹시 그전보다 집중력이 떨어졌다고 느끼지 않으세요?

· 다리에 쥐가 나거나 우울증, 불면증으로 고생하지 않으세요?

· 운동 후 혹은 몸을 많이 움직인 후 피로를 많이 느끼십니까?

· 요즘 많이 피곤하신가요?

· 기력이 많이 딸리지는 않습니까?

· 최근 이유 없이 몸이 무겁고 피로를 많이 느끼십니까?

· 혹시 잠을 푹 자기가 힘드십니까?

- 양치질 할 때 구역질을 하십니까?
- 최근 들어 술이 많이 약해지셨습니까?
- 담배를 많이 피우십니까?

고객이 질문에 순순히 응하고 탐색 질문을 많이 할수록 판매 가능성은 높아진다. 이때 고객의 문제를 정확히 짚어내는 질문을 하면 고객은 놀라면서도 반가워한다. 영업인에게 품었던 두려운 마음이 사라진다. 이때 설문지를 꺼내면 된다. 기능성 건강식품을 취급하는 영업인은 종합건강 설문지를 가지고 다닐 것이다. 이 설문지로 고객의 문제가 좁혀지면 그다음부터는 질환별 상세 설문지를 이용하면 된다.

화장품에 관한 탐색 질문

화장품에서 탐색 질문은 고객의 피부 문제에 관한 것이다. 얼굴은 눈으로 볼 수 있으니 쉽게 탐색 질문을 할 수 있다. 피부 고민은 크게 여섯 가지로 나눌 수 있다. 화장품의 탐색 질문은 여기에 집중해야 한다.

① 건조하여 피부가 당긴다.
② 각질이 일어나서 화장이 잘 받지 않는다.

③ 모공이 넓다.

④ 피부 탄력이 떨어져서 아래로 처진다.

⑤ 눈가, 입가, 목 등에 주름이 생기기 시작한다.

⑥ 기미나 주근깨 같은 잡티가 있다.

이를 토대로 다음과 같은 탐색 질문을 만들 수 있다.

· 현재 고객님의 피부 문제는 무엇입니까?

· 피부에 왜 그런 문제가 생겼다고 생각하십니까?

· 고객님이 기능성 화장품을 구매하실 때 가장 중요하게 생각하는 것은 무엇입니까?

· 고객님의 피부 건강을 위하여 지금 가장 시급한 게 무엇이라 생각하십니까?

· 아침에 세안하면 바로 피부가 당기시나요?

· 피부가 건성입니까?

· 피부에 각질이 쉽게 쌓이나요?

· 그전에는 안 그랬는데, 최근 피지 분비가 줄어들어 얼굴이 많이 건조해지셨나요?

· 피부 트러블은 주로 어느 경우에 많이 생기나요?

· 요즘 같은 환절기에 피부가 쉽게 건조해지지 않나요?

· 피부가 칙칙해지는 원인은 알고 계신가요?

· 여드름이나 뾰루지가 자주 발생하나요?

· 피부가 거칠고 푸석거리지는 않나요?

· 메이크업이 들뜨지는 않나요?

· 메이크업을 하면 답답하신가요?

· 메이크업이 번들거리는 편인가요?

· 땀을 흘리면 화장이 잘 지워지나요?

· 모공 때문에 고민하시나요?

· 주로 어느 부위에 모공이 넓어졌습니까?

· 기미 잡티가 고민되시나요?

· 연세 드실수록 잔주름이 눈에 띠니 속상하시죠?

· 입가 주름이 신경 쓰이지 않나요?

· 피부 노화는 자외선이 원인인데, 자외선 차단제는 사계절 바르
  시나요?

· 눈가에 피부 탄력이 떨어지고 주름이 눈에 띄십니까?

· 뺨, 턱, 눈가에 피부 처짐이 느껴지시나요?

· 피부 마사지는 받고 계신가요?

보험에 관한 탐색 질문

보험에서 고객의 문제는 뭘까? 질병이나 사고는 예고 없이 찾아
온다. 그런데도 고객이 이 사실을 깨닫지 못하여 보험에 전혀 관심
이 없다면 문제가 아닐 수 없다. 40대 사망률이 세계에서 가장 높은

나라에서 40대 가장이 보험에 가입하지 않았다고 가정해보자. 건강하고 사고 없이 지나간다면 다행이지만 생각지 못한 사고나 질병이 찾아온다면 막막할 수밖에 없다. 또한 은퇴 시기는 빨라지고 평균수명은 길어져 노후에 필요한 자금 수요는 늘어나는데 노후 대책이 전혀 없다면 이 얼마나 심각한 문제인가. 고객에게 이런 문제가 있는지 없는지 알아내려는 질문이 탐색 질문이다.

요즘은 보험이 그전처럼 단순히 질병이나 상해만을 보장하지 않고 연금보험, 종신보험, 변액보험 등으로 발전하여 노후보장과 자산관리 개념으로까지 넓어졌다. 따라서 상속이나 세무 등과도 관련 있는 다양한 탐색 질문을 준비해야 한다. 다음은 보험 영업에서 필요한 탐색 질문의 예다. 다만 보험에서 주의할 것은 질병이나 사망을 지나치게 언급하면 고객이 싫어한다는 점이다.

· 40대가 되면 만약을 대비한 보험이 필요한데, 어떤 보험에 가입하셨나요?
· 보험은 그야말로 만약의 경우를 대비하는 것입니다. 앞날은 누구도 예측할 수 없잖아요. 고객님 생각은 어떻습니까?
· 우리나라의 경우 일생 동안 교통사고가 평균 몇 번 나는지 알고 계신가요?
· 교통사고가 나면 무엇이 가장 문제가 될까요?
· 미래를 위해 어떤 계획이 있나요?
· 평생을 관리할 수 있는 재무 설계가 필요하지 않으신가요?

- 보험은 누구나 하나씩은 다 가입하셨죠. 지금쯤 보장 자산이 얼마나 되는지 검토하시는 게 좋지 않을까요?
- 보험을 가입하실 때 가장 고려하는 점은 무엇입니까?
- 고객님은 노후를 위한 준비는 충분하신가요?
- 고객님 은퇴 후 월 얼마 정도의 연금이 나오는지 알아보셨나요?
- 사고나 질병은 내 마음대로 할 수 없잖아요. 그래서 보험이 필요한 것 아닐까요?
- 생명보험은 고객님의 가족을 위하여 절실한 생필품이라고 생각하는데 고객님 생각은 어떻습니까?
- 상속세 문제가 고객님이 걱정하는 가장 중요한 문제입니까?
- 가장 우려하는 질병이 무엇입니까? 그 질병을 보장해주는 보험에 가입하시는 것이 가장 중요한 문제입니까?
- 혹시 동일한 위험 보장이 여러 건의 보험에 가입되어 있지 않습니까?

탐색 질문 연습

이제 당신이 다이어트 제품을 판매하는 영업인이라 가정하고 탐색 질문을 연습해보자. 먼저 가망고객 이름을 적고, 당신이 상담할 때 알아야 할 고객의 기본 상황과 고객에게 있을 법한 문제가 무엇인지 적어야 한다. 그다음에는 이것을 바탕으로 탐색 질문을 몇 개

만들면 된다. 좀 더 확실한 이해를 위하여 아래의 탐색 질문 예시를 보자.

40대 중반인 김미라 씨는 지속적으로 체중이 늘고 있는 가망고객이다. 체중이 늘고 있다는 사실만 알고 접근하기보다는 더 많은 정보를 알면 판매에 성공할 가능성이 높다. 특히 과거의 다이어트 경험을 안다거나 가족력 유무를 안다면 유리하다. 그다음에는 과체중으로 인하여 '고객에게 있을 법한 문제'를 알면 고객의 구매 욕구를 강하게 자극할 수 있다. 탐색 질문은 고객의 상황과 문제를 파악하는 질문으로 되어 있다. 물론 여기에 제시한 질문이 전부는 아니다. 고객에 따라 알아야 할 정보가 다를 수 있다. 이때 필요한 것이 창의력이다. 고객을 만나기 전에 어떤 질문을 해야 고객의 문제를 정확히 밝혀낼 수 있는지 고민해야 한다.

〈연습〉 탐색 질문 예시

가망고객 이름	김미라(40대 중반)
알아야 할 고객의 상황	- 경제적인 능력 - 가족관계 - 과거나 현재 다이어트 경험
고객에게 있을 법한 문제	- 지속적으로 체중이 늘고 있다. - 과체중으로 무릎 관절에 문제가 생길 수 있다. - 혈관질환에 가족력이 있을 수 있다. - 당뇨합병증 증세가 나타날 수 있다.

고객의 상황, 문제를 밝혀내는 탐색 질문	① 무슨 일을 하십니까?
	② 하시는 운동이 있다면 무엇입니까?
	③ 그동안 체중조절을 위해 어떤 노력을 해보셨나요?
	④ 언제부터 체중이 늘기 시작하였습니까?
	⑤ 과체중으로 인하여 발생한 다른 문제는 무엇입니까?
	⑥ 혈압은 측정해 보셨나요?

〈실습 1〉

가망고객 이름	
알아야 할 고객의 상황	
고객에게 있을 법한 문제	
고객의 상황, 문제를 밝혀내는 탐색 질문	

〈실습 2〉

가망고객 이름	
알아야 할 고객의 상황	
고객에게 있을 법한 문제	
고객의 상황, 문제를 밝혀내는 탐색 질문	

4. 심화 질문
— 고객의 문제는 얼마나 심각한가?

지금까지 친숙 질문과 탐색 질문을 배웠다. 혹 이렇게 생각
하는 사람도 있을 것이다. '다 아는 거네', '이걸 누가 모를까', '우리가
지금 하고 있는 거잖아'라고 말이다. 맞는 말이다. 웬만한 영업인이
라면 친숙 질문과 탐색 질문은 이미 하고 있다. 가망고객을 만나 상
담을 할 때 친숙 질문과 탐색 질문만 잘해도 어느 정도 성과를 낼 수
있다.

그러나 한계가 있다. 고객이 자신의 문제를 알고 있다 해도 '지금
당장' 해결책이 필요하다고 생각하지는 않기 때문이다. 즉, 가망고
객이 현재 팔과 다리가 저린 증세를 호소하며 자신에게 혈액순환
문제가 있다는 사실을 알더라도 그 문제를 지금 당장 해결할 필요
를 느끼지 않을 수도 있다는 것이다. 이런 가망고객을 만나면 현재

고객의 문제가 심각하지는 않더라도 지금 당장 해결하지 않으면 앞으로 더 큰 문제가 발생할 수도 있다는 사실을 일깨워줘야 한다.

경험이 짧고 성과가 없는 영업인일수록 고객의 문제를 조금만 알면 바로 해결책을 말하려고 한다. 그러면 고객은 즉각 거부반응을 보인다. '가격이 좀 비싸다', '생각해보겠다'. '상의해봐야 한다'와 같은 핑계를 댄다.

혹시 구멍 난 가마솥을 때워본 적이 있는가? 가마솥에 작은 구멍이 나면 땜장이를 부른다. 땜장이는 녹을 벗긴다며 망치로 작은 구멍 주위를 살살 두드려 구멍을 더 크게 만들어버린다. 그리고 가마솥 주인에게 한마디한다.

"이것 보세요! 큰일 날 뻔했어요. 하마터면 새 솥을 사야 할 뻔했네요."

땜장이는 구멍을 잔뜩 키워 놓고서야 땜질을 해준다. 가마솥 주인은 고맙다며 비싼 값을 치른다. 땜장이는 작은 구멍을 크게 만들어 문제를 키웠고, 주인은 작은 구멍인 줄 알았는데 사실은 큰 구멍이었던 것을 알고 매우 고마워한다. 그리고 작은 구멍을 때울 때보다 더 많은 값을 치른다.

고대 중국의 위나라에 편작이라는 명의가 있었다. 하루는 위나라 왕이 편작에게 "당신은 삼형제가 모두 의사인데, 셋 중 누가 가장 훌륭한 의사인가?"라고 물었다. 편작이 "큰형이 가장 훌륭한 의사고, 작은형도 저보다 좋은 의사입니다. 제가 실력이 가장 모자라지만 가장 유명하기는 합니다"라고 답을 했다. 왕은 고개를 갸우뚱하며 그 이유를 물었다. 그러자 편작이 이렇게 설명했다.

"큰형은 환자가 증상을 호소하기 전에 질병을 발견하고 치료하기 때문에 가장 훌륭한 의사입니다. 그러나 그러한 이유로 능력을 인정받기가 힘들어서 저희 가족끼리만 형을 존경하지요. 두 번째로 훌륭한 의사인 작은형은 환자가 초기 증세를 보일 때 질병을 치료합니다. 통증이 미미할 때 치료하므로 작은 병만 잘 치료하는 것으로 알려져서 고향에서나 유명세를 조금 타는 정도입니다. 저는 질병이 한참 진행되었을 때에서야 환자들이 찾아옵니다. 그래서 제가 병을 고치거나 완화하려고 천자(끝이 날카로운 의료 도구로 환자의 신체를 찌르는 일)나 사혈을 하고 독을 이용한 치료나 수술을 하면 환자와 절박한 심정이었던 가족들이 매우 만족스러워합니다. 그것이 바로 국경을 뛰어넘어 제가 유명한 이유입니다."

즉, 편작이 유명해진 것은 고객의 문제가 최대한 커졌을 때 해결해주었기 때문이다. 가끔 신문에서 우리나라 명의들을 소개한다. 명의 중에 이비인후과나 예방의학과 교수는 눈에 띄지 않는다. 대부분이 암 수술 전문의나 심장병 전문의처럼 큰 병을 다스리는 의사를 명의로 소개한다. 고객은 큰 문제를 해결해 주었을 때 더 큰 고마움을 느끼고 더 많은 비용을 지불한다.

심화 질문은 지금 있는 문제를 바로 해결하지 않아 발생하는 미래의 사태에 초점을 맞추는 질문이다. 다양한 심화 질문의 유형을 살펴보자.

· 그것 때문에 어느 정도의 추가비용이 발생하나요?
· 혈액순환 문제가 일으키는 다른 문제로는 어떤 것이 있다고 생각하세요?
· 피부가 건조해지면서 미세주름이 늘어나지 않았나요?
· 피지분비가 줄어들면서 탄력이 떨어지고 피부색도 칙칙해지셨나요?
· 가장인 고객님께 큰 문제가 생기면 가족들은 누가 책임지겠습니까?
· 노후에 정기적으로 들어오는 수입이 없다고 상상해 보십시오. 어떤 문제가 있을까요?

그렇다고 고객의 상황이 더 나빠지기를 기다려 상담하라는 뜻은 아니다. 현재의 작은 증세를 방치하면 장차 더 큰 문제로 발전할 수도 있다는 사실을 깨닫게 하는 것이 핵심이다.

우리는 주변에서 이런 영업인을 제법 많이 볼 수 있다.

고　객: 요즘 팔다리가 저리네요.
영업인: 그래요? 그거 혈액순환이 안 돼서 그러는 거예요. 우리 회사에 혈액순환제가 나오는데 이것만 먹으면 팔다리 저린 건 싹 없어져요.
고　객: ….

당신도 혹시 이렇게 영업하고 있지는 않은가? 기능성 건강식품

판매회사에 서너 달 다니면 제품 지식으로 머릿속이 꽉 찬다. 그러다 명절을 맞아 온 가족이 모이면 시부모와 동서들이 둘러앉아 음식을 할 때 어디가 아프다, 어떤 증세가 있다 하고 말들을 꺼낸다. 그러면 초보 영업인은 "어머니, 그것은 혈액순환이 안 돼서 그런 거예요. 혈액 순환제 드셔야 되요" 또는 "형님, 그건 간 기능이 떨어져서 그런 거예요. 간에 좋은 거 드셔야 되요"라면서 열심히 제품을 홍보한다.

친목회나 동창회에 가서도 마찬가지다. 누가 작은 힌트라도 주면 제품 설명에 열을 올린다. 이런 영업인을 좋아할 사람은 없다. 다음에 전화하면 전화를 피할 것이다. 탐색 질문, 추가 탐색 질문으로 고객의 문제를 충분히 밝혀냈으면 그다음에는 심화 질문을 해야 한다. 특히 가격이 비싼 제품이면 심화 질문이 반드시 필요하다.

심화 질문은 고객들이 가볍게 생각하고 있는 문제가 결코 가벼운 문제가 아니라는 사실을 깨닫게 하는 질문이다. 또한 지금 고객의 문제를 개선하지 않으면 앞으로 더 안 좋은(나쁜) 결과를 초래할지 모른다는 사실을 분명히 알려줘서 이런저런 핑계를 대며 구매를 미루는 고객에게 결정을 앞당기도록 유도할 수 있다. 핵심은 지금 제품을 구매하지 않으면 앞으로 더 큰 문제가 발생한다는 사실을 알려주는 것이다.

보험 세일즈에서 탁월한 능력을 보여줬던 최헌 대표가 레고를 활용한 심화 질문으로 고객의 구매 욕구를 키운 사례가 그가 쓴 《보험 상담의 비밀》(2010)에 나온다. 준비물은 굵은 기둥 두 개, 넓은 판 한

개, 작은 레고 인형 두 개였다. 고객 앞에 우선 두 개의 기둥을 꺼내
놓는다.

최 대표: 이쪽은 남자, 이쪽은 여자입니다. 두 남녀가 만납니다. 그럼 뭐가
생기죠?

고　객: 아이?

최 대표: 너무 진도가 빠르십니다. 하하!

고　객: 하하하!

최 대표: (굵은 기둥 두 개 위에 넓은 판을 올려놓으며) 가정이 생깁니다.

고　객: 아, 네….

최 대표: 그럼 시간이 지나면 아이들이 (판 위에 작은 레고 인형 두 개를 하
나씩 올려놓으며) 하나, 둘 생깁니다.

고　객: 네.

최 대표: 그러다 두 분 중 한 분께 문제가 생기면….

최헌 대표는 이 순간 잠시 뜸을 들인 다음 밑에서 기둥 하나를 쑥
빼낸다. 그 순간 위에 있는 판이 무너지면서 작은 레고 인형들이 와
르르 하는 소리와 함께 밑으로 떨어진다. 한 개는 아예 책상 밑으로
떨어진다.

최 대표: 선생님, 아이들을 이렇게 내동댕이칠 수는 없잖아요. 이 아이들은
어떻게 합니까?

고 객: (뭔가 큰 충격을 받으며) ….

최 대표: 제가 오늘 가져온 것이 바로 이것에 대비하는 것입니다.

"이 아이들은 어떻게 합니까?"라는 질문이 바로 심화 질문이다. 이 질문을 받은 고객의 머릿속에는 어떤 그림이 그려질까? 자신에게 안 좋은 일이 생겼을 때 아이들에게 닥칠 문제가 선명하게 그려질 것이다. 어떻게 보험 가입을 미룰 수 있겠는가.

 심화 질문은 취급하는 제품의 기능과 고객의 문제를 정확히 알고 있을 때 할 수 있다. 심화 질문은 그렇게 쉬운 질문이 아니다. 많은 영업인이 심화 질문을 어디까지 해야 하는지 종종 망설인다. 너무 민감하거나 개인적인 문제를 묻는 질문에 부담을 느끼기 때문이다. 당신이 그냥 물건만 팔아치우는 장사꾼이 아니라 고객의 문제를 해결하는 상담가라고 생각한다면 심화 질문은 당연하다. 지금 있는 문제뿐 아니라 앞으로 그 문제가 어떠한 영향을 미칠지 알아야 고객의 문제에 해결책을 제시해줄 수 있기 때문이다. 심화 질문은 고객에게 부담을 주려는 게 아니라 문제를 해결하여 고객에게 이익을 주는 게 목적이어야 한다.

고 객: 요즘 팔다리가 저리네요.

영업인: (추가 탐색 질문) 자주 그러시나요?

고 객: 네, 특히 잠을 자다가 다리에 쥐가 나서 깬 적도 있어요.

영업인: (탐색 질문) 손발이 차갑지는 않고요?

고　객: 그건 괜찮은 것 같아요.

영업인: (탐색 질문) 혈압은 정상인가요? 콜레스테롤은요?

고　객: 잘 모르겠어요. 혈압은 조금 높은 편인데, 콜레스테롤 수치는 재본
　　　 적이 없어서….

영업인: (심화 질문) 혈액순환에 문제가 있는 것 같은데, 혈압이 높거나 콜
　　　 레스테롤 수치가 높으면 혈액순환에 어떤 문제를 일으키는지는
　　　 알고 계시죠?

고　객: 혈관을 막아 혈액순환을 방해하지 않을까요? 또 혈압이 높으면 위
　　　 험하잖아요.

영업인: 맞아요. 혈압이 높으면 나중에 중풍이나 심장병을 일으킬 수도 있
　　　 어요. 우리나라 사망 원인 중 2, 3위가 뇌졸중과 심장병인데, 모두
　　　 혈액순환이 안 될 때 발생하잖아요. (탐색 질문) 혹시 부모님이나
　　　 조부모님 중에 심혈관계 질환을 앓았던 분이 계신가요?

위의 대화는 탐색 질문과 심화 질문을 적절히 이용하여 혈액순환
장애가 얼마나 위험한지, 그리고 이 문제가 앞으로 얼마만큼 심각한
문제를 초래하는지 고객에게 질문하고 있다. 고객은 답변을 하며
팔다리가 저린 증세가 그것으로 끝나지 않고 앞으로 심각한 문제를
초래할 수 있다는 사실을 깨닫고 위기감을 느낀다.

심화 질문을 잘하려면 두 가지가 필요하다.

첫째, 취급하는 제품이 고객의 어떤 문제를 해결할 수 있는지 정
확히 알아야 한다. 자신이 취급하는 제품을 확실히 알지 못하면 절

대로 심화 질문을 할 수 없다. 고객의 잠재의식 속에 머물러 있는 문제를 끄집어내어 그것이 앞으로 어떠한 문제를 초래하고, 그 문제가 앞으로 어떤 영향을 미치는지를 고객이 스스로 깨닫게 만들어야 구매 저항을 최소화할 수 있다.

둘째, 철저한 준비를 해야 한다. 제품별로 심화 질문을 만들고 연습하여 몸에 배도록 만들어야 한다. 또한 고객을 상담하기 전에 어떤 심화 질문을 할지 계획을 세워놓아야 한다. 이때 영업인이 조심하고 명심해야 할 점은 고객의 문제를 확대하여 고객에게 겁을 주거나 근심스럽게 해서는 안 된다는 것이다. 심화 질문은 영업인이 고객을 더 많이 이해하여 적절한 해결책을 마련하기 위한 방법으로 사용해야 한다. 다음은 영업 현장에서 쓸 수 있는 심화 질문의 예문이다.

기능성 건강식품에 관한 심화 질문

· 혈압이 높으면 뇌졸중 위험이 몇 배 더 높은지는 알고 계시죠?
· 심장기능이 떨어진 것 같은데 등산을 하거나 길을 걸을 때 어떤 증세가 나타납니까?
· 콜레스테롤 수치가 높으면 건강에 어떤 영향을 미치는지 알고 계시죠?
· 골다공증이 있는 분이 잘못 넘어지면 뼈가 부러지는 것이 아니라 으스러지기 때문에 회복하는 데 오래 걸리고 온 가족을 힘들게 합니다, 치료비도 물론 많이 들고요. 제 말이 맞지 않습니까?
· 고혈압은 많은 합병증을 일으켜 위험합니다. 심장, 신장, 뇌혈관에 문제가 생기면 돈은 돈대로 쓰고 고생은 고생대로 하면서도 완전히 회복되지 않습니다. 고객님도 그렇게 생각하시죠?
· 간 기능이 떨어져서 직장생활에 어떤 영향이 있습니까?
· 간은 침묵의 장기라 하지 않습니까. 그냥 견딜 만하다고 하루하루 미루다 돌이킬 수 없는 일이 일어나는 경우를 많이 보았습니다. 그래서 간은 미리미리 예방하는 게 중요하지요. 제 말이 맞지 않습니까, 고객님?

그렇다면 위의 질문들을 어떻게 활용될 수 있을까? 위에 있는 심화 질문으로 구성한 다음 사례를 보자.

사례 1

영업인: (탐색 질문) 혹시 변비 있으세요?

고　　객: 알로에가 변비에도 좋아요?

영업인: 그럼요. (탐색 질문) 변비가 심하신가 봐요?

고　　객: 조금요. 변비약을 먹어도 그때뿐이고….

영업인: (추가 탐색 질문) 화장실은 매일 가시나요? 아니면 며칠에 한 번
　　　　씩 가시나요?

고　　객: 2~3일에 한 번 가는데….

영업인: (추가 탐색 질문) 얼마나 오래되셨나요? 그렇게 화장실에서 고생
　　　　한 게….

고　　객: 글쎄요, 한참 됐지요.

영업인: (탐색 질문) 머리가 아프지는 않나요?

고　　객: 가끔 두통이 있어요.

영업인: 두통도 변비 때문인데…. (심화 질문) 변비가 여러 가지 질병을 일
　　　　으킨다는 이야기는 들어보셨죠?

고　　객: 신문에서 본 것 같아요.

영업인: (심화 질문) 신문에서는 변비가 어떻게 다른 질병을 일으킨다고
　　　　하던가요?

　〈사례 1〉은 영업인이 고객에게 변비가 있다는 사실을 알았다고
해서 바로 제품 설명으로 들어가지 않고 고객의 증세를 정확히 알
기 위해 몇 가지 탐색 질문을 추가로 하고 있다. 그 뒤에 변비가 단

순히 변비로 끝나지 않고 여러 가지 질병을 일으킬 수 있다는 사실을 암시하는 질문을 하고 있다. 영업인의 마지막 질문을 눈여겨 보라. "신문에서는 변비가 어떻게 다른 질병을 일으킨다고 하던가요?"라고 묻는 질문이 중요하다. 그러나 대부분 영업인들은 다음과 같이 말할 것이다. "저도 신문에서 읽었는데, 변비를 방치하면 변이 대장에 쌓여 숙변이 되고 숙변에서 여러 가지 유독가스가 발생하여 온몸으로 퍼져 여러 가지 질병을 일으킨다고 해요"라고 말이다. 물론 이렇게 설명한다고 해서 잘못된 것은 아니다. 그러나 영업인의 설명보다는 고객이 직접 말하게 하면 더 강한 구매 욕구를 느낀다.

사례 2

영업인: (탐색 질문) 무릎이 아프지 않으세요?

고　객: 왜 안 아프겠어.

영업인: (탐색 질문) 올해 연세가 어떻게 되세요?

고　객: 많아. 늙으면 다 아프지 뭐.

영업인: (탐색 질문) 혈압은 정상이세요? 혹시 팔다리가 저리지 않으세요?

고　객: 혈압약을 먹으니까 혈압은 정상이지.

영업인: (심화 질문) 혈액순환이 안 되면 관절이 더 아프다는 것은 알고 계신가요?

고　객: 아, 그래?

영업인: (탐색 질문) 무릎이 붓지는 않으세요?

고　객: 붓고 쑤시고…. 아파서 잠을 못 잘 때도 있어.

영업인: 혈액순환이 안 되면 관절염은 더 심해져요. (심화 질문) 그래도 지금

　　　　적절한 조치를 취해야지 너무 늦으면 수술해야 하는데 알고 계시죠?

고　객: ….

영업인: (심화 질문) 주변에 관절 수술하신 분들 계시죠? 어떻다고 하던가요?

〈사례 2〉는 심화 질문으로 혈액순환 장애가 관절염을 더 나쁘게 한다는 점을 고객에게 알렸고, 지금 당장 적절한 조치를 하지 않으면 병원에서 수술을 해야 한다는 사실을 알려 고객의 구매동기를 자극하고 있다. 특히 마지막 질문을 보라. 이 부분에서 "수술하면 돈은 돈대로 들고 그렇다고 완벽하게 낫는 것도 아니래요"라고 설명하지 않는 것이 심화 질문의 핵심이다.

화장품에 관한 심화 질문

· 피부에 탄력이 떨어지면 얼굴이 어떻게 될까요?

· 피부가 건조하고 피지 분비가 안 되면 피부 상태가 어떻게 바뀔까요?

· 건성피부라면 어떤 증세가 나타납니까?

· 피부가 건조해지면 얼굴에 어떤 영향을 미치는지 알고 계신가요?

· 피부가 거칠고 푸석거리면 어떤 문제가 생길까요?

· 피부가 거칠고 푸석거려 메이크업이 뜨지 않나요?

- 모공이 한번 넓어지면 되돌리기 힘들다는 사실은 알고 계시죠?
- 메이크업을 말끔히 지우지 않으면 피부에 어떤 문제가 생길지는 다들 알고 계시죠?
- 잔주름이 생기려고 할 때 잡지 않으면 어떻게 될까요?
- 기미 잡티 때문에 어떤 문제가 생길까요?
- 화장을 제대로 지우지 않으면 피부에 어떤 영향이 있을까요?
- 세안 시 수분을 너무 많이 뺏기면 피부에 어떤 영향을 줄까요?
- 피부 저항력이 떨어지면 피부 트러블이 생기는 것은 알고 계시죠?

보험에 관한 심화 질문

- 고령화 사회의 가장 큰 문제는 무엇일까요?
- 최근 노인 범죄가 왜 늘어나겠어요. 저는 경제적인 문제라고 생각하는데, 고객님 생각은 어떻습니까?
- 노후를 위한 특별한 대책이 없으면 자녀에게 큰 부담이 될 수 있다고 생각해보신 적은 없으신지요?
- 앞으로 100세 이상 사는 시대가 올 텐데 수입이 전혀 없거나 80세쯤 되어 자산이 하나도 남지 않는다고 생각해보세요. 무슨 일이 일어날까요?
- 젊었을 때부터 재테크에 관심이 없으면 나중에 어떤 손해가 날까요?

- 우리나라 사람은 대부분 암이나 심혈관계 질환으로 인해 사망합니다. 이것에 대비하지 않으면 가족을 잃은 슬픔과 생활고로 유족의 마음은 어떨까요?
- 만약 60세 이전에 사망하시거나 큰 질병이 걸리시면 어떤 일이 일어날까요?
- 대출 상환 기간이 아직 한참 남았는데, 가장마저 안 계시면 가족들에게 어떤 문제가 생길까요?
- 가장이 없는 자녀가 어디까지 교육을 마칠 수 있다고 생각하십니까?
- 사장님께서 만약 무슨 일을 당하시면 사모님께서 어떤 일을 하실 수 있다고 생각하십니까?

위의 심화 질문으로 사례를 구성해보면 다음과 같다.

사례 1

영업인: (탐색 질문) 혹시 생명보험에 가입하셨나요?

고　　객: 요즘 보험 하나 안 들은 사람이 어디 있겠어요. 운전자보험도 있고 종신보험도 있어요.

영업인: 대단하시네요. 그렇게 많이…. (탐색 질문) 고객님 혹시 보장자산은 얼마나 되는지 알아 보셨나요?

고　　객: 네? 그것이 뭐죠?

영업인: 고객님께서 만약의 경우에 보험사한테 받는 보장이 얼마나 되는지

알아보는 건데요, 그것을 따져보면 어디에 보장이 많고 어디에 적

은지 확인할 수가 있죠. 보험에 가입했다고 안심하시다가 나중에

혜택을 못 받으시는 경우가 종종 있거든요. (탐색 질문) 고객님께서

가입하신 보험 종류를 좀 더 자세히 말씀해 주실 수 있으신가요?

고 객: 제가 든 보험은…. 아니, 보험증권을 보여드릴게요.

영업인: 고객님은 노후연금보험은 없으시네요. (심화 질문) 노후에 정기적

인 수입이 없으면 어떤 문제가 있을까요?

고 객: 국민연금에 가입되어 있는 걸요.

영업인: (심화 질문) 주변에 국민연금을 받고 있는 분 있나요? 그분들께서

는 충분하다고 하던가요?

보험 가입자 대부분은 자신들이 보험에 가입했다는 사실만 알

뿐 구체적인 보장 내용을 정확히 모른다. 필요해서 가입하지 않고

아는 영업인 권유로 어쩔 수 없이 들었다면 특히 그렇다. 여기서

심화 질문은 보험의 내용을 분석하고 현재의 문제가 미래에 어떤

문제를 일으킬 수 있는지 고객이 스스로 깨닫게 하는 방법이다.

지금까지 고객의 마음을 여는 친숙 질문, 고객의 문제를 알아내는

탐색 질문, 고객의 문제를 확대하는 심화 질문을 배웠다. 이제 당신

이 준비한 종이를 보라. 얼마만큼 메모를 하였는가? 당신이 직접 질

문을 만들어 보았는가?

학교 다닐 때 수학 공부했던 방법을 생각해보라. 답안지를 보고

눈으로 읽으며 문제를 이해했다고 해서 수학시험을 잘 치르는 것은 아니다. 문제를 직접 풀어봐야 좋은 성적을 얻을 수 있듯이 질문법도 직접 써보는 노력이 필요하다. 눈으로 읽으면서 질문법을 이해했어도 당신이 직접 써보고 입으로 연습하지 않으면 고객 앞에서 능숙하게 사용할 수 없다.

심화 질문 연습

고객 문제를 알아냈다면 그 문제의 파급효과를 파악해야 한다. 〈탐색 질문 연습〉에서 김미라 씨의 문제는 과체중이었다. 김미라 씨의 문제는 계속 늘어나는 체중이다. 그럼 한번 상상해보자. 체중이 늘어나면 미래에 어떤 문제가 발생할까? 그것을 '파급효과'에 적는다. 과체중인 고객은 고혈압, 당뇨, 혈액순환 장애, 퇴행성관절염 발병률이 높아질 가능성이 크다. 게다가 정신적인 영향도 있다. 자신감과 사회성을 잃어버린다. 활동성과 매력이 떨어져 비즈니스에서 불이익을 당할 수도 있다.

이런 점을 영업인이 직접 지적하면 기분 상할 수 있으니 고객이 자신의 입으로 스스로 말하도록 묻는 것이 심화 질문이다. 때론 고객이 입 밖으로 말은 하지 않더라도 머릿속으로 그림을 그리게 된다. "과체중이 고객님 개인에게 미친 영향이 있나요? 그 일이 생겼을 때 기분이 어떠셨나요?"와 같은 질문을 받으면 고객은 자신의 경험을 떠올릴 수밖에 없는데, 이때 구매 욕구가 자극을 받는다.

〈연습〉

가망고객 이름	김미래(40대 중반)
현재 고객의 문제	계속 체중이 늘고 있다.
고객의 문제로 인한 파급 효과	고혈압, 당뇨, 혈액순환 장애, 퇴행성관절염 활동성 저하, 매력 저하, 비즈니스 불이익
고객의 문제의 파급 효과를 묻는 심화 질문	① 혹시 과체중으로 계단을 오르내릴 때 불편하지는 않으신가요? ② 앞으로도 체중이 계속 늘어난다면 어떤 문제가 있을까요? ③ 여름에는 땀을 많이 흘릴 텐데 어떤 문제가 있을까요? ④ 과체중이 고객님 개인에게 미친 영향이 있나요? 그 일이 생겼을 때 기분이 어떠셨나요? ⑤ 과체중으로 인해 어떤 질병이 생길 수도 있는지 알고 계시죠?

〈실습 1〉

가망고객 이름	
현재 고객의 문제	
고객의 문제로 인한 파급 효과	

고객의 문제의 파급 효과를 묻는 심화 질문	

〈실습 2〉

가망고객 이름	
알아야 할 고객의 상황	
고객에게 있을 법한 문제	
고객의 상황, 문제를 밝혀내는 탐색 질문	

The
Power
of
Question

4장

질문으로
고객의 문제를 해결하라

명심하라. 설명이 아니라 질문이다.

질문은 고객이 얻을 수 있는 이익을 자신의 입으로 스스로 말하게 함으로써

해결책에 대한 욕구, 즉 구매 욕구가 생기도록 만드는 것이다.

The Power of Question ——————

1. 해결 질문
– 구매심리를 어떻게 자극할 것인가?

　탐색 질문과 심화 질문으로 고객은 자신에게 어떤 문제가 있는지, 그리고 그 문제로 인해 어떤 파급 효과가 있는지를 알게 되었다. 이쯤 되면 고객은 이제 자신의 문제를 어떻게 해결해야 할지 궁금해지기 시작한다. 그러나 조금만 참아라. 제품 설명에 들어가기 전에 아직 할 일이 남아 있다.

　이제 해결 질문이 필요할 때다. 해결 질문은 고객에게 현재의 문제를 해결하면 어떤 이익이 있는지를 좀 더 명확하고 구체적으로 깨닫게 한다. 앞에서 한 질문들이 고객의 문제에 초점을 맞추었다면 해결 질문은 고객의 관심을 해결책으로 전환하여 고객이 기대감을 갖게 한다. 해결 질문에는 두 가지 유형이 있다. 문제 해결 방법을 묻는 질문과 문제 해결 후 고객이 얻을 수 있는 이익이나 효과를 묻는 질문이 그것이다. 구체적으로 살펴보면 아래와 같다.

〈해결 방법을 묻는 해결 질문〉

· 문제 해결을 위해 어떤 방법이 있습니까?

· 그 문제 해결을 위해 구체적으로 무슨 계획이 있습니까?

· 누구의(어떤) 도움이 필요합니까?

· 활용할 수 있는 자원은 무엇입니까?

· 배변을 잘할 수 있으려면 어떤 방법이 있을까요?

· 고객님의 피부 문제를 해결하려면 어떻게 해야 할까요?

· 건조한 피부를 해결하는 데 어떤 방법이 있을까요?

· 은퇴 후에 지금과 같은 생활 수준을 유지하려면 무엇이 필요할까요?

· 노후연금은 자식보다 든든하다는 말이 있습니다. 노년에 용돈을 받아쓰려면 어떤 방법이 가장 좋을까요?

· 위험은 언제 어디서 발생할지 모르니 생애 전 기간에 걸쳐 보장을 받아야 하지 않을까요?

〈문제 해결 후 이익이나 효과를 묻는 해결 질문〉

· 왜 문제 해결이 중요한가요?

· 문제를 해결하면 어떤 이득이 있습니까?

· 이것으로 인해 도움이 될 수 있는 다른 요소는 무엇입니까?

· 간 기능이 좋아지면 직장 생활에 무슨 도움이 있을까요?

· 간 기능 개선이 고객님께 왜 중요할까요?

· 아름다운 모습을 보면 누가 가장 자랑스러워할까요?

· 피부가 매끄럽고 탱탱해지면 심리적으로 어떨까요?

· 재무 설계로 인생을 효과적으로 관리한다면 뭐가 가장 좋을까요?

〈해결 방법을 묻는 질문〉은 영업인이 제품을 판매하지 않고 고객이 사도록 유도하는 질문법이다. 영업인에게 문제 해결 방법이 있다는 사실을 슬쩍 흘리는 질문이기도 하다. 사람은 자신이 결정한 일에 더욱 동기부여가 된다. 〈문제를 해결 후 이익이나 효과를 묻는 질문〉은 문제를 해결하면 무엇이 좋은지를 고객이 답변하도록 유도한다. 이처럼 해결 질문은 얻을 수 있는 이익을 고객 스스로 말하게 함으로써 해결책을 구매하고 싶은 욕구를 강하게 하는 질문이다.

당신이 취급하는 제품의 가격이 비교적 저렴하다면 탐색 질문과 심화 질문만 잘해도 구매율을 높일 수 있다. 고객은 자신의 문제가 해결된다는 확신이 없더라도 가격이 저렴하면 '아니면 말고'라는 식으로 구매할 수 있기 때문이다. 그러나 가격이 비싸면 고객은 신중하게 생각할 수밖에 없다. 이때 해결 질문이 고객의 판단을 돕는다.

당신은 자동차를 왜 구입하는가? 자동차 차체가 좋아서 구입하는가? 그렇지 않을 것이다. 자동차를 사는 이유는 자동차의 편리함과 자동차를 가졌을 때 누리는 자부심 때문이다. 승객이 꽉 찬 버스나 지하철에 시달리지 않아도 되고, 가족과 함께 어디론가 여행을 갈 수 있고, 친구나 동료들이 자신을 부러워할 것이라는 생각처럼 자동차를 샀을 때 머릿속에 떠오르는 멋진 미래상이 자동차를 구매하도록 만든다.

기능성 건강식품도 마찬가지다. 고객은 기능성 건강식품 자체가 좋아서 구매하는 것이 아니다. 기능성 건강식품의 효능과 효과가 필요해서 구매하는 것이다. 관절기능에 효과 있는 식품은 무릎을 아프지 않게 해서 가고 싶은 곳을 마음대로 갈 수 있다는 기대효과를 주기 때문에 구매한다. 또 혈액순환기능 식품은 뇌졸중, 심장병 등을 예방하여 건강하게 오래 살고 싶은 욕구 때문에 구매한다. 화장품은 아름다워지고 싶은 욕구 때문에 구매하고, 보험은 만일의 경우를 대비하려고 가입한다.

당신이 해결 질문을 하면 고객은 질문에 대답을 하며 나에게 어떤 이익이 있는지를 머릿속에 그리기 시작한다. 이처럼 해결 질문은 해결책에 대한 기대감을 키워 구매 욕구에 불을 붙이는 효과가 있다.

다음은 해결 질문을 할 때 쓰는 전형적인 문구들이다.

- ○○하면 얼마나 좋을까요?
- ○○하면 신나지 않겠어요?
- ○○하면 자랑스럽지 않을까요?
- ○○한다면 △△을 상상해 보세요, 좋지 않습니까?
- ○○하면 어떻겠습니까?

이 문장에, 당신이 취급하는 제품으로 고객의 문제를 해결하면 고객에게 어떤 이익이 있는지 대입하여 질문하면 된다. 그럼 이제부터 해결 질문을 만들어 보자.

기능성 건강식품에 관한 해결 질문

· 고객님의 간 기능을 개선하는 방법이 있다면 어떻게 하시겠습니까?

· 위궤양 때문에 매번 병원에서 치료받고 약을 처방받는다고 말씀하셨습니다. 돈도 돈이지만 시간낭비가 많지 않습니까? 위궤양을 근본적으로 치료하는 방법이 궁금하지 않습니까?

· 그동안 알레르기 치료를 위해 어떤 노력을 하셨나요?

· 엄마의 건강한 모습을 보면 아이들이 얼마나 기뻐할까요?

· 가족을 생각한다면 당연히 엄마(아빠)는 건강해야 하지 않을까요?

· 피곤하지도 않고 지치지도 않아서 회사에서 열정적으로 일을 한다면 승진에도 도움이 되고 보람도 많이 느끼지 않겠습니까?

· 관절염이 없다면 고객님은 어떤 점이 가장 좋겠습니까?

· 관절염을 고쳐 봄에 벚꽃 구경을 간다면 얼마나 좋겠어요. 그렇죠?

· 관절염 치료가 필요한 이유가 있으십니까?

· 소화가 잘 돼서 먹고 싶은 것을 마음껏 먹을 수 있다면 얼마나 좋을까요?

- 고객님은 지금 고혈압 약, 관절염 약을 오랫동안 드셔서 위가 많이 상했습니다. 위를 건강하게 만들고 지금 드시는 약도 끊고 정기적으로 병원이나 보건소에 갈 필요가 없다면 훨씬 좋다고 생각합니다만, 고객님 생각은 어떻습니까?

- 식욕은 참 참기 힘들죠? 특히 밤늦게 느끼는 식욕 때문에 살이 찌는 줄 알면서도 참을 수 없어 먹습니다. 식욕을 억제할 수 있고 체지방도 줄일 수 있다면 참 좋겠지요. 5킬로그램 정도 빠진다면 뭐가 가장 좋겠습니까?

- 현대인에게 암이 많이 발병하는 것은 유해 독성물질 때문입니다. 몸 안에 쌓여 있는 유해 독성물질을 빼버려 면역력도 기르고 암도 예방한다면 참 좋으시겠지요, 고객님?

- 아이들이 밥 잘 먹고, 잔병치레 안 하고, 알레르기도 없고, 공부까지 잘한다면 더 바랄 게 없을 것 같아요. 그렇지 않습니까, 고객님?

- 친구분들 중에 중풍으로 고생하시는 분들 계시죠. 본인도 고생이지만 자식들에게도 못 할 짓이죠. 중풍이나 치매 같은 것 없이 건강하게 살고 싶지 않으세요?

- 조금만 걸어도 가슴이 답답하다고 말씀하셨습니다. 이 문제를 해결하는 것이 고객님께 가장 중요한 문제입니까?

- 건강한 모습으로 친구들과 산에 오르는 모습을 상상해 보세요. 상쾌하지 않습니까?

위와 같은 해결 질문으로 사례를 구성해보면 다음과 같다.

사례 1

영업인: (탐색 질문) 머리가 아프신가요?

고　객: 가끔 두통이 심하게 와.

영업인: (추가 탐색 질문) 증세가 자주 옵니까?

고　객: 요즘 들어 부쩍 그러네.

영업인: (탐색 질문) 혈압은 정상이세요? 혹시 팔다리가 저리지 않으세요?

고　객: 혈압약을 먹으니까 혈압은 정상이지. 팔다리가 가끔 마비될 때가
　　　　있기는 해.

영업인: (심화 질문) 혈액순환이 안 되어 머리가 아프거나 팔다리 마비가 오
　　　　면 어떤 증세인지는 알고 계신가요?

고　객: 글쎄, 중풍이 오려나.

영업인: (심화 질문) 주변에 중풍으로 쓰러지신 분들 많이 계시죠? 그분들
　　　　은 어떠하시던가요?

고　객: 고생이지. 108호 노인네는 며느리가 교대로 오는데 못 할 일이더
　　　　구먼. 늙으면 죽어야지….

영업인: (해결 질문) 고객님 두통을 해결하는 일이 가장 급하신 거죠?

고　객: 그렇지. 팔다리 저린 것도 없어졌으면 좋겠고. 중풍으로 쓰러지기
　　　　전에 죽어야 할 텐데….

영업인: (해결 질문) 두통도 낫고 팔다리가 저리거나 마비되는 증세를 없애
　　　　는 방법이 있으면 어떻게 하시겠습니까?

화장품에 관한 해결 질문

· 고객님의 피부 문제를 해결하려면 어떻게 해야 할까요?

· 건조한 피부를 해결하는 데 어떤 방법이 있을까요?

· 피부가 건조하지 않고 하루 종일 촉촉하다면 참 좋으시겠죠?

· 피부가 촉촉하고 탱탱하면 5년 정도는 더 젊어 보일 텐데요, 그 렇죠?

· 눈가에 가는 주름만 없애도 훨씬 젊어 보일 텐데, 고객님 생각 은 어떠세요?

· 유분기가 없어 얼굴이 쉽게 건조했었는데 이제 해결할 수 있겠 네요. 그렇지 않습니까, 고객님?

· 메이크업을 들뜨지 않게 하는 방법을 알고 싶지 않으세요?

· 여성스럽고 부드러운 느낌을 주는 메이크업이라면 만족하시겠 어요?

· 유수분 밸런스를 조정해야 되지 않을까요?

· 젤타입 수분크림을 바르면 고객님의 유수분 균형이 맞춰지지 않을까요?

· 눈에 띄는 모공을 잘 가려준다면 피부색이 산뜻하지 않을까요?

· 잡티만 가려줘도 훨씬 깨끗해 보이고 젊어 보일 텐데. 고객님 생각도 저와 같으시죠?

· 잡티 없이 산뜻한 얼굴로 친구들을 만난다면 신나겠지요?

· 보톡스나 필러처럼 주름 관리를 해주면서 부작용이 없는 주름

개선 화장품이 있으면 어떨까요?

· 얼굴에 주름이 없고 산뜻하면 동창회에 나가도 자신감이 생기
지 않을까요?

· 젊음을 지키시고 싶으시죠? 그러면 기능성 화장품에 투자하시
는 게 어떻겠습니까?

· 보톡스나 필러처럼 주름 관리를 해주면서 부작용이 없는 주름
개선 화장품이 있으면 어떻게 하시겠어요?

보험에 관한 해결 질문

· 아이들을 위한 대비책이 필요하지 않을까요?

- 고객님 상속세 부담을 줄일 수 있는 방안이 있다면, 그렇게 하실 생각이 있으신가요?
- 현재와 비슷한 보험료로 이 문제까지 해결해 드린다면 어떠시겠어요?
- 질병으로 입원하거나 수술을 했을 때 목돈을 쓰지 않으려면 어떤 방법이 있을까요?
- 지금까지 말씀드린 문제들을 해결할 방법이 있다면 어떻게 하시겠어요?
- 젊었을 때는 질병과 사고에 보장을 받고, 노후에는 연금으로 여유 있는 생활을 한다면 좋지 않습니까?
- 미래에 자녀에게 짐이 되지 않고 며느리와 사위에게 용돈 주시면서 사는 노신사가 되실 계획이 필요하지 않을까요?
- 행복한 노후를 위하여 평생 수입이 끊어지지 않는 방법이 있으면 좋지 않을까요?
- 지금은 저금리 기조에 주식시장조차 불투명한 상태인데, 이자소득이 전액 비과세되고 복리 이자를 받을 수 있는 상품이 있다면 한번 들어보시겠습니까?

고객은 문제가 있어 제품을 구매해야겠다고 생각하면서도 지금 당장은 아니라고 생각할 때가 많다. 그러나 해결 질문을 받고 대답을 하는 사이 자신도 모르게 문제 해결의 필요성을 더 강하게 느끼게 된다. 이처럼 해결 질문은 고객의 잠재욕구를 현재 욕구로 바꾸는 힘이 있다.

지금까지 당신은 탐색 질문과 심화 질문으로 고객의 문제를 지속적으로 확대했다. 또한 해결 질문을 던져 문제의 해결책을 암시했으며, 해결 후의 미래상을 그리도록 유도했다. 이제 고객은 해결 질문을 하기 전보다 제품에 대한 궁금증이 늘어났을 것이고, 구매 욕구가 강해졌을 것이다. 이쯤 되면 이제 당신은 자신이 취급하는 제품이 어떻게 고객이 지닌 문제를 해결할 수 있는지 증명해야 한다.

그런데 이런 과정은 한두 번 만나서 되는 경우도 있고 여러 번 만나면서 천천히 진행해야 하는 경우도 있다. 조급하게 생각하지 말고 만날 때마다 조금씩 앞으로 나아가면 된다. 무엇보다 가장 중요한 것은 고객과 마음의 벽을 허물며 신뢰관계를 만들어나가는 일이다.

해결 질문 연습

해결 질문을 하려면 먼저 고객의 문제를 해결하는 방법을 알아야만 한다. 아울러 고객이 자신의 문제를 해결하면 어떤 이익이나 효과가 있는지도 알아야 한다. 김미라(40대 중반) 씨의 경우에는 영업인이 취급하는 다이어트 제품으로 적정 체중을 유지하면 정상 혈압을 유지할 수 있고, 심장병도 예방할 수 있으며, 자신감까지 얻을 수 있을 것이다. 첫인상도 좋아지고 매력도 생겨 대인관계뿐 아니라 비즈니스에서도 좋은 결과를 얻을 수 있을 것이다. 따라서 영업인은 김미라 씨가 자신의 체중을 정상으로 만들었을 때 이런 이익이 생긴다는 사실을 김미라 씨가 자신의 입으로 직접 말하도록 해결 질문을 해야 한다.

〈연습〉

가망고객 이름	김미라(40대 중반)
문제 해결 후 고객의 이익이나 효과	- 정상 혈압 유지 - 심장병 예방 - 혈관 내 콜레스테롤 적정 유지 - 첫인상 좋아짐 - 자신감 상승으로 사회성 좋아짐 - 대인관계나 비즈니스에서 좋은 결과를 얻음
해결 방법이나 효과를 묻는 해결 질문	- 그동안 체중 조절을 위해 어떤 노력을 하셨나요? - 체중 조절을 위한 계획이 있다면 어떻게 세우셨는지요? - 체중 조절을 위해 가장 필요한 것은 무엇일까요? - 체중 조절이 중요한 이유는 알고 계시죠? - 적정 체중을 유지하면 무엇이 가장 좋을까요? -지금보다 체중을 5킬로그램 줄인다면 어떤 점이 좋을까요?

〈실습 1〉

가망고객 이름	
문제 해결 후 고객의 이익이나 효과	
해결 방법이나 효과를 묻는 해결 질문	

〈실습 2〉

가망고객 이름	
문제 해결 후 고객의 이익이나 효과	
해결 방법이나 효과를 묻는 해결 질문	

2. 효과 설명
– 누구를 위한 효과 설명인가?

　　지금까지 질문을 통해 고객에게 어떤 문제가 있는지, 어떤 제품이 필요한지를 알게 되었다. 고객도 물론 자신의 문제를 알게 되었으며 해결의 필요성도 느꼈다. 효과 설명을 시작할 적당한 시기는 고객의 구매 욕구가 최고조로 올라갔을 때다.

　　고객의 문제 해결 의지가 충분하다는 판단이 서면 이렇게 질문해보자. "만약 고객님의 문제를 해결한다면 저희 제품을 구매할 생각이 있으십니까?" 이때 "예"라고 대답하면 바로 효과 설명에 들어가면 된다.

　　만약 "아니오"라고 대답했다면 굳이 효과 설명을 할 필요가 없다. 좀 더 시간을 두고 고객으로 하여금 자신의 문제가 심각하다는 사실을 깨닫게 해야 한다. 고객의 구매 욕구가 성숙하지 않은 상태에서 효과 설명을 하면 고객은 이런저런 핑계를 대며 구매를 망설인다. 돈을 주고 제품을 사야 할 만큼 자신의 문제가 심각하다고 느끼지 않기 때문이다.

고객은 '비싸다', ' 돈이 없다', '생각해 보겠다', ' 다음에 사겠다'와 같은 핑계를 댄다. 하지만, 진짜 이유는 단 하나 '나는 아직 당신의 제품이 필요하다고 생각하지 않습니다'이다.

모든 제품에는 '직접효과'와 '간접효과'가 있다. 직접효과는 현재 고객의 문제에 직접적으로 작용하는 효과이고, 간접효과는 고객의 문제 해결과는 거리가 먼 효과라 할 수 있다. 예를 들어 변비가 심한 고객에게 알로에 제품을 상담한다고 가정해 보자. 알로에의 효능은 '장 운동에 도움', '위와 장 건강에 도움', '면역력 증진 기능', '피부 건강에 도움', '배변 활동에 도움' 등이다. 변비가 있는 고객에게는 '배변 활동에 도움'과 '장 운동에 도움'이 직접효과이고, 나머지는 간접효과이다.

그러므로 변비가 있는 고객에게 '면역력 증진기능'과 '피부 건강에 도움'까지 굳이 설명할 필요는 없다. 고객의 문제 해결과 상관없는 효능을 줄줄이 설명하면 고객은 거부반응을 보일 수도 있다. '쳇, 만병통치약이군. 세상에 그런 게 어디 있어?'라고 말이다.

암 환자에게 홍삼 제품을 설명한다면, 홍삼의 여러 가지 효능 가운데서 항암 효과를 집중적으로 설명하면 된다. 암 환자에게는 항암효과만 의미가 있을 뿐 다른 효능은 군더더기일 뿐이다. 길게 설명할 필요도 없다. 경험이 부족한 영업인은 자기가 알고 있는 제품의 모든 특징과 효능을 길고 지루하게 설명한다. 더구나 제품 안에 들어 있는 성분까지 쉬지 않고 하나하나 설명하려 든다.

고객을 설득하려면 이렇게 설명을 많이 해야 한다고 생각하지만 실제로는 그 반대다. 말을 적게 하며 핵심만을 얘기할수록 고객은 당신을 더 신뢰한다. 그래서 성과가 좋은 영업인일수록 길게 설명하지 않는다.

텔레비전 광고는 고객이 제품을 이용했을 때 어떤 이익과 효과를 누릴 수 있는지를 영상으로 보여준다. 관절염 치료제 광고는 건강하고 튼튼해진 무릎으로 당당해진 모습을, 간 기능 개선제는 피로한 모습에서 활기찬 모습으로 바뀐 상태를 보여준다. 자동차 광고나 휴대전화 광고는 고객이 누리게 될 자부심, 편안함, 경제성 등을 보여주며 고객을 유혹한다. 이처럼 고객이 스스로 구매하게 만들려면 삶의 멋진 모습을 상상할 수 있도록 고객의 머릿속에 그림을 그려줘야 한다.

다음은 필자의 대학 동기모임에서 있었던 일이다.

옆자리에 앉아 있는 친구의 얼굴을 보니 건강이 몹시 안 좋아 보였다. 그래서 필자는 다음과 같은 질문을 던졌다.

"(탐색 질문) 너 몸이 많이 안 좋은 모양이구나?"

"응, 많이 안 좋아. 작년에 건강검진을 받았는데 아주 안 좋게 나왔어. 마침 1년 선배가 세상을 떠서 문상을 갔는데 나도 덜컥 겁이 나더라고…"

이 친구는 한참 동안 자기 이야기를 하며 혈액 순환제를 먹고 운동도 계속

해서 7킬로그램 정도 체중을 줄였다고 했다. 친구는 이미 건강 문제에 위기 감을 느끼고 기능성 건강식품의 필요성을 절실히 깨닫고 있었다. 더 이상의 탐색 질문이나 심화 질문이 필요하지 않았다. 곧 바로 해결 질문을 했다.

"(해결 질문) 만약 건강 문제가 해결된다면 우리 제품을 구매할 생각은 있어?"

"물론, 당연하지."

나는 우리 제품을 꾸준히 먹으면 친구의 건강 문제를 완벽하게 해결할 수 있다고 강조하며 더 많은 효과를 보려면 지금처럼 운동을 꾸준히 하고 술과 담배 따위를 하지 말라고 당부했다. 제품은 아주 간단하게 설명했다.

"그거 먹으면 진짜 효과가 있나?"

"우리 회사 알잖아? 효과 없는 제품 가지고 30년 넘게 장사할 수 있겠나? 벌써 망했지. 30년 넘게 회사가 이름을 유지하는 것은 그동안 고객이 효과를 봤기 때문이지. 그렇지 않았으면 우리는 모두 사기꾼이고, 벌써 망했을 거야."

확신을 심어주는 말, 이것으로 친구의 구매 욕구는 완벽하게 충족됐다.

다음은 가격이다. 가격을 묻지 않는 고객은 단 한 명도 없다. 그러나 문제 해결 의지가 있는 고객이라면 가격은 그리 중요하지 않다.

"가격은 얼마나 돼?"

"네 연봉의 1/150밖에 안 돼."

친구는 잠깐 생각하더니 수첩 한 장을 뜯어 주소와 전화번호를 주며 택배로 보내라고 했다.

대학 동기라 사줬다고 생각하는가? 그렇지 않다. 본인이 필요해서 샀다. 이처럼 고객의 문제를 알고 적절한 해결책을 제시하면 고객은 스스로 구매를 결정한다.

효과 설명은 무조건 고객을 위한 것이다. 영업인이 취급하는 제품도 아니고, 영업인 자신은 더더욱 아니다. 고객의 필요를 알고, 고객의 필요를 충족할 수 있는 해결책을 알려주는 것, 그것이 효과 설명이다. 효과 설명을 할 때는 다음 네 가지를 반드시 명심해야 한다.

첫째, 절대로 고객과 논쟁하지 마라. 고객과 논쟁해서 얻을 것은 하나도 없다. 고객이 똑똑한 영업인이라고 인정해주지도 않을뿐더러 다음 약속도 잡을 수 없다. 영업인이 논리적으로 승리했다고 해서 고객이 승복하고 구매를 결정하는 일은 없다. 지금까지 질문법을 배운 이유는 고객을 이해하기 위함이지 결코 말싸움하려는 게 아니다.

영업은 이기고 지는 경기가 아니라는 사실을 명심하라. 효과 설명은 오로지 고객의 문제에 초점을 맞춰 해결하는 데 집중해야 한다. 그러므로 고객을 진심으로 이해하겠다는 마음가짐을 유지하는 자세가 무엇보다 중요하다. 논쟁으로 고객을 설득하려고 하지 마라. 결코 설득할 수 없다.

둘째, 경쟁 회사를 험담하지 마라. 고객이 다른 회사 제품을 구매해서 이용하고 있다면, "잘 사셨습니다. 그 회사 제품도 좋습니다"라고 말하여 고객의 판단을 존중해 줘야 한다. 그다음에는 "그런데 혹시 불편한 점이 있거나 불만스러운 점은 없습니까?"라고 조심스럽게 그리고 정중하게 질문하라. 영업인이 고객의 판단이나 경쟁사 제품이 잘못됐다고 말하면 고객은 방어를 하며 마음의 문을 닫아 버린다.

하지만 영업인이 고객의 판단을 존중하고, 경쟁사 제품을 칭찬하면 고객은 마음을 열고 먼저 불만을 얘기한다. 영업인은 그 틈을 노리면 된다. "저희 제품은 고객님의 그런 불편함을 해소할 수 있는데, 몇 가지 질문을 드려도 되겠습니까?"라고 묻고 고객이 "예"라고 대답하면 탐색 질문부터 시작하라.

셋째, 효과나 이익을 과장하지 마라. 고객의 구매 욕구보다 영업인의 판매 욕구가 강하면 고객이 누리게 될 효과나 이익을 과장하고 싶은 충동이 생긴다. 그러나 그럴 필요가 없다. 고객 중에 체험 사례가 있으면 그것을 얘기하면 된다. 고객은 영업인의 주장보다 다른 사람의 사례를 더 잘 믿는다. "이 제품을 다른 고객은 어떻게 평가하는지 보시겠습니까?"라고 질문한 후 지니고 다니는 고객 추천장이나 사례집을 보여줘라. 고객의 신뢰도가 높아질 것이다.

또한 고객이 제품을 구매했다고 가정하여 확신을 심어주는 말을 하면 효과가 있다. "고객님께서는 저희 제품을 이용하게 되었으니 반드시 좋아질 겁니다", "잘 사신 겁니다". "저희 제품을 드시고 효과 없다고 하신 분이 지금까지 한 명도 없었습니다"와 같은 말을 곁들이면 좋다. 제품에 자신이 있다면 과장하지 말고 긍정적인 태도로 자신 있게 효과를 설명하라.

넷째, 어려운 말을 쓰지 마라. 어려운 용어를 쓴다고 영업인이 전문가가 되지는 않는다. 고객에게 다가서고 싶다면 그들의 언어로 말해야 한다. 또한 저속어나 비속어도 피해야 한다. 저속어나 비속어는 영업인의 가치를 떨어뜨린다. 효과 설명에서는 영업인이 무엇을 설명하느냐보다 고객이 무엇을 듣느냐가 더 중요하다는 사실을 명심해야 한다.

지금까지 모든 영업 과정이 순조로웠다면, 즉 고객의 문제를 정확히 파악하고, 고객의 문제 해결에 대해 맞춤 해결책을 제시했다면, 효과 설명으로 판매는 잘 마무리될 것이다. 그러나 실제 영업 현장에서는 모든 과정이 짜 맞춰지듯이 순조롭게 진행되지는 않는다. 영업인이 만나는 고객의 숫자만큼 고객의 반응도 여러 가지다.

더욱이 경험이 없는 영업인이라면 다양한 고객에게 적절히 임기응변한다는 게 말처럼 쉬운 일이 아니다. 매일매일 영업일지를 쓰는 일은 그래서 중요하다. 오늘 고객을 만나 영업하는 과정 중에 '아, 이렇게 대처했으면 혹시 판매가 성공했을지 모르는데…'라고 후회하는 장면이 떠오르면 반드시 적어놓아라. 그리고 다음엔 어떻게 할지 계획을 세우고 연습하라. 방법을 모르면 경험 많은 선배에게 질문하라. 이러한 노력이 당신을 성공으로 이끈다.

휠러 포인트(Wheeler points)는 언어를 효율적으로 활용하는 다섯 가지 원리를 말한다. 휠러 포인트 창안자인 엘머 휠러는 영업에서 가장 중요한 점을 말이라고 생각하고 '휠러언어연구소'와 '휠러세일즈연구소'를 설립해 수많은 사람을 훈련하였다. 다음은 휠러 포인트를 요약한 내용이다. 효과 설명을 어떻게 할지 고민하는 영업인이라면 참고할 만하다.

★ 휠러 포인트

1. 스테이크가 아니라 지글지글을 팔아라!

2. 편지 말고 전보를 보내라!

3. 꽃다발을 건네며 말하라!

4. 가부가 아닌 선택을 물어보라!

5. 헛기침에도 주의하라!

이를 좀 더 구체적으로 설명해보도록 하겠다.

1.스테이크가 아니라 지글지글(sizzle)을 팔아라!

휠러가 '지글지글(sizzle)'이라는 단어에서 의도한 것은 고객이 상품에서 느끼는 일차적인 매력, 즉 고객의 관심을 사로잡아 생각을 집중하게 만드는 상품의 특징이다. 또한 이 말은 고객의 관심에 가장 밀접하게 연관되는 사실을 드러내기도 한다. 그냥 소고기라고 할 때보다 '지글지글' 이 한마디를 강조해서 훨씬 많은 스테이크를 팔아치웠다. '지글지글'이라는 최상의 세일즈 메시지가 구매자의 식욕을 끌어올리는 핵심 요인이라고 그는 설명했다. 이와 같이 상품의 일차적인 매력은 즉각적이고 비이성적이어야 한다. 지글지글 익는 스테이크, 방울방울 기포가 올라오는 와인, 알싸한 치즈 냄새, 그윽한 커피 향기 등이 그 예다.

그가 든 사례를 살펴보자. 가전제품을 판매하는 영업인이 노부인을 상대로 난로의 작동 방법, 에나멜페인트의 내구성, 바닥에 흠집을 내지 않는 청결함, 그 밖에 부인은 관심도 없는 기능들을 달달 암기하듯이 읊어 댄다. 어떤 고객을 만나든지 그는 줄곧 그 설명 방식만 고수한다. 천편일률적인 설명 방식으로 판매에 나선 이 영업인은 결국 부인의 관심을 끌지 못하고, 끝내 거래도 성사시키지 못하고 만다. 고객을 유혹하는 메시지, 즉 '지글지글'을 제시하지 않았기 때문이다.

영업인은 자신의 사고방식에서 벗어나 고객의 머릿속으로 들어가야만 한다. 정리하자면, 고객의 핵심 관심사를 파악해서 그것을 집중 공략하라는 것이 바로 '지글지글'의 요지다.

2. 편지 말고 전보를 보내라!

전보는 급한 소식을 전할 때 흔히 쓰던 수단이다. 값이 매우 비쌌기 때문에 최대한 적은 단어로 원하는 소식을 보내야만 했는데, 이 원리에서 휠러가 의도한 내용은 바로 다음과 같다. '고객의 즉각적이면서도 호의적인 관심을 최대한 살린 단어'를 만들어야 한다는 것이다.

대화, 전화 통화, 세일즈 프레젠테이션, 이메일, 그 밖에 타인의 관심을 끌어 모으기 위한 메시지 전달 수단에서는 모두 첫머리가 매우 중요하다는 사실을 휠러는 제대로 파악하고 있었다. 그는 자신의 저서에서 다음과 같이 말했다.

> 당신이 처음 꺼내는 10개의 단어는 다음에 이어질 1만 개의 단어보다 중요하다. 딱 10초 안에 상대방의 관심을 사로잡아야 하기 때문이다. 메시지의 첫머리에서 고객을 사로잡지 못하면 고객의 마음은 영영 떠나가 버린다. 비록 몸은 그 자리를 지키고 있다고 해도!

3. 꽃다발을 건네며 말하라!

휠러는 이 원리에서 효과적으로 주장하는 일이 중요하다고 말한다. 배우자에게 "결혼기념일을 축하해요"라고 말하는 것도 좋지만,

꽃다발을 건네며 인사한다면 더욱 좋지 않겠는가. "고객이 얻게 되는 이득을 신속하게 알리되, 지체하지 말고 그것을 입증하라"는 그의 말은 위의 주장을 뒷받침해 주고 있다.

고객에게 상품 설명을 시작할 때 "고객님께서 걱정하시는 혈액순환 문제를 해결할 수 있는 방법을 알려드리게 되어 참으로 기쁩니다"라고 먼저 말한 다음, 그 방법을 구체적으로 입증하는 설명을 하고 사례를 곁들인다면 고객의 신속하고 만족스러운 반응을 이끌어 낼 수 있다. 이때 영업인이 고객과 대화를 나누거나 상품을 설명하는 일이 참으로 즐겁다는 듯이 행동하고 열정과 에너지를 담아 말하는 습관을 들이는 것은, 꽃을 곁들여 이야기하는 원리를 실천하는 것과 같다.

4. 가부가 아닌 선택을 물어보라!

"계란을 하나 넣어 드릴까요, 두 개 넣어 드릴까요?"가 바로 이 원리를 근거로 탄생하였다. 점원이 "계란을 넣고 싶으세요?"라고 묻는 것은 곧 고객에게 구매 가부를 묻는 것이다. 그러면 대다수의 고객은 구매하지 않겠다고 대답할 것이 뻔하다. 휠러는 레스토랑의 직원들에게 "오늘 저녁 식사에는 레드 와인을 곁들이시겠습니까, 아니면 화이트 와인으로 하시겠습니까?"라고 묻게 하여 와인 판매율을 크게 늘렸다.

5. 헛기침에도 주의하라!

휠러 포인트의 마지막 원리는, 메시지의 효율적인 전달로 적절한 어휘를 사용하는 것뿐 아니라 적절한 방식으로 말할 줄 알아야 좋은 결과를 불러올 수 있다는 내용이다. 휠러는 다음과 같은 말로 자신의 주장을 강조했다.

> 아무리 커다란 꽃다발을 곁들여서 '가부'가 아닌 '선택'의 질문을 전보처럼 간결 명확하게 던진다고 해도 무덤덤한 목소리 하나 때문에 당신의 '지글지글'은 김이 팍 샐 수도 있다.

특히 일대일 영업에서 작은 목소리에 단조로운 톤으로 웅얼댄다면, 당신의 효과 설명은 구매 결정으로 이어지지 않을 것이다. 또한 손가락을 비비 꼬거나 머리를 만지작거리는 불안정한 몸짓은 자신이 하는 말에 자신감이 부족하다는 인상을 준다. 하지만 목소리와 몸짓에 낙관, 열정, 에너지를 실어 전달하면 고객에게 그와 똑같은 느낌을 만들어 줄 수 있다. 데일 카네기가 주창하고 프랭크 베트거가 뒤를 이어 역설했던 열정의 원리는 여기에서 다시 한 번 부각된다.

관련 연구에 따르면, 모든 커뮤니케이션의 38퍼센트가 목소리 톤에 결정적인 영향을 받고, 55퍼센트는 바디 랭귀지의 영향을 받는다고 한다. 그러므로 헛기침 한 번에도 세심하게 신경을 써야 한다. 때로는 말보다 비언어적인 방식이 훨씬 더 많은 것을 전달하기 때문이다. 몸짓, 태도, 시선, 목소리 톤은 당신의 주장에 설득력을 더해 준다.

효과 설명 연습

현장에서 휠러 포인트를 어떻게 활용하여 고객을 설득할 수 있을까? 가장 먼저 영업인이 취급하는 제품에서 '지글지글'을 찾아내야 한다. '지글지글'은 앞에서 말했듯이, '고객이 상품에서 느끼는 일차적인 매력으로 고객의 관심을 사로잡아 생각을 집중하게 만드는 상품의 특징'을 뜻한다. 이것은 '즉각적이고 비이성적'이어야 하듯 고객의 무의식적인 감성을 자극할 수 있어야 한다.

두 번째 할 일은 상품으로 고객이 얻게 되는 이익을 전보치듯 짧게 주장하고, 마지막으로 꽃다발을 건네며 말하듯 그 상품이 좋은 이유와 증거를 제시해야 한다. '가부가 아닌 선택을 물어보라!'는 마무리 질문에서 상세히 다룰 것이다. 자, 이제 당신이 취급하는 제품에서 '지글지글', '전보', '꽃다발'을 만들어 보자.

지금까지 우리는 가망고객인 김미라(40대 중반) 씨에게 탐색 질문으로 체중이 지속적으로 늘고 있다는 사실을 파악하고, 심화 질문으로 체중 증가 문제를 지금 해결하지 않으면 아주 안 좋은 파급효과가 있다는 사실을 깨닫도록 했다. 이어서 해결 질문으로 체중 조절을 했을 때 어떤 이점이 있는지도 알려줬다. 이쯤 되면 고객은 영업인이 가지고 있는 해결 방법을 궁금하게 생각할 것이다. 이제 당신이 고객에게 자신이 취급하는 제품의 효과를 당당하게 설명할 차례다.

〈연습〉

가망고객 이름	김미래(40대 중반)
고객의 문제	지속적인 체중 증가로 매력 저하
고객의 감성을 자극하는 한마디, 지글지글	55사이즈 옷을 다시 입을 수 있다
고객이 얻을 이익을 짧게 주장하는, 전보	젊었을 때 매력을 다시 회복할 수 있다.
좋은 이유와 증거를 제시하는, 꽃다발	지난해 최고 히트 상품 선정 탤런트 ○○○의 복용 사실
정리	저희 회사에서 이번에 출시한 △△△은 고객님께서 55사이즈 옷을 다시 입도록 만들어 젊었을 때 매력을 되찾아 드립니다. 이 제품은 지난해 최고 히트 상품으로 선정되었고, 탤런트 ○○○ 씨도 이 제품으로 체중 조절에 성공했어요.

〈실습1〉

가망고객 이름	
고객의 문제	
고객의 감성을 자극하는 한마디, 지글지글	
고객이 얻을 이익을 짧게 주장하는, 전보	
좋은 이유와 증거를 제시하는, 꽃다발	
정리	

〈실습 2〉

가망고객 이름	
고객의 문제	
고객의 감성을 자극하는 한마디, 지글지글	
고객이 얻을 이익을 짧게 주장하는, 전보	
좋은 이유와 증거를 제시하는, 꽃다발	
정리	

3. 마무리 질문
– 망설이는 고객을 어떻게 할 것인가?

축구는 제아무리 조직력과 개인기가 뛰어나도 골(Goal)을 넣지 못하면 아무 의미가 없다. 축구는 골을 넣어야 승리할 수 있는 경기이다. 축구 선수들이 축구장에서 하는 모든 동작은 결국 골을 넣기 위함이다. 그러므로 골은 축구 선수들의 목표이다. 축구 선수들은 목표 달성을 위해 기회만 생기면 슛(Shoot)을 날린다. 축구장에서 아무리 패스와 드리블을 잘해도 마지막 슛이 좋지 않으면 골을 넣을 수 없다. 그래서 실력 있는 축구 선수는 문전에서 골 결정력이 뛰어나다. 기회가 오면 머뭇거리지 않고 슛을 날린다.

영업인의 목표는 무엇인가? 당연히 '판매' 아닌가. 영업인이 고객을 만나서 하는 모든 행위는 결국 '판매'라는 목표를 달성하기 위한 '작업'이다. 마무리 질문은 영업인이 고객을 만나 지금까지 해온 모든 과정을 결정짓는 회심의 숯이다. 고객을 만나는 순간부터 지금까지 '작업'을 아무리 잘했어도 마무리 단계에서 머뭇거리다 시기를 놓치거나, 미숙하게 처리하면 판매는 실패할 수밖에 없다.

사실 당신이 질문으로 고객의 문제와 필요를 알고 효과 설명으로 해결책을 제대로 보여줬다면, 마무리는 신경 쓰지 않아도 고객이 알아서 한다. 내가 제품을 판매하려고 애쓸 필요 없이 고객이 스스로 구매하도록 만드는 것, 이것이 가장 이상적인 영업 활동이다.

그러나 당신이 질문과 효과 설명을 훌륭하게 했더라도 구매를 망설이는 고객이 있을 수도 있다. 그때는 질문으로 마무리를 시도하면 효과가 있다. 경험이 부족한 영업인은 이 단계에서 많이 머뭇거린다. 거절당할지도 모른다는 두려움과 고객에게 부담을 주기 싫다는 생각이 복합적으로 작용하기 때문인데, 당신이 망설이면 고객도 망설인다. 그러므로 당신이 결정을 유도해야 한다. 이때는 앞에서 이야기한 '가부가 아닌 선택을 물어보라!'를 기억하라. 특히 고객이 살 의향이 있는지 없는지 판단이 잘 서지 않을 때는 선택 유도 질문으로 고객의 마음을 알아볼 수 있다. 다음은 현장에서 활용할 수 있는 마무리용 선택 유도 질문이다.

- 카드로 결제하시겠습니까, 현금으로 결제하시겠습니까? 고객님은 어떤 방법이 편리하시죠?
- 제품을 지금 바로 드릴까요, 아니면 내일 이 시간에 가져올까요?
- 제품을 방문해서 드릴까요, 택배로 보내드릴까요?

- 제품을 가져와서 섭취 방법과 제품의 효능을 한 번 더 설명해 드릴까요?
- 위나 장에 좋은 제품만 사시겠습니까, 아니면 혈액순환제도 함께 사셔서 건강 관리를 종합적으로 하시겠습니까?
- 고객님은 갑, 을, 병, 정 제품을 모두 섭취하셔야 건강 문제를 해결할 수 있습니다. 건강을 위해 네 가지 모두를 구매하시겠습니까, 아니면 갑, 을, 병 세 가지만 구매하시겠습니까?
- 저는 고객님의 문제를 해결하려면 ○○○과 △△△ 제품이 필요하다고 생각합니다. 고객님 생각은 어떻습니까?
- 10년 납입으로 하시겠습니까, 아니면 20년 납입으로 하시겠습니까?

마무리할 때는 "고객님. 결정하셨습니까?", "고객님의 생각은 어떻습니까?"와 같이 고객의 생각을 묻는 질문도 많이 사용해야 한다.

- 한 번 선택이 평생을 좌우한다는데, 기능성 건강식품 선택은 고객님의 평생 건강을 좌우한다고 생각하셔야 합니다. 고객님, 결정하셨습니까?
- 요즘은 자동차나 아파트도 여성들이 구매한다고 하더군요. 남편의 건강은 주부들이 챙겨야 하지 않겠습니까?
- 한 달 치를 원하신다고요? 석달 치를 사시면 견본품을 추가로 받으실 수 있는데, 그게 더 낫지 않겠습니까?

- 칼슘제는 젊었을 때부터 꾸준히 섭취해야 좋습니다. 지금 결정하시겠습니까? 고객님.
- 고객님의 연세에 ○○○ 안 드시는 분은 한 명도 없습니다. 지금 투자하시는 게 적절하다고 생각하지 않습니까?
- 건강은 예방이 가장 중요합니다. 지금처럼 건강하실 때 관리해야 적은 돈으로 관리하실 수 있습니다. 그렇지 않습니까? 고객님.
- 맞은편에 있는 ○○미용실 원장님도 건강이 안 좋아서 이 제품을 드시고 계십니다. 효과를 많이 보셨는데, 전화 통화 한번 해보실래요?
- 고객님의 피부 문제를 해결해 드린다면 저희 제품을 구매할 생각이 있으신가요?
- 고객님의 피부 문제를 해결하려면 ○○이 필요한데, 고객님 생각은 어떠십니까?
- 고객님은 미백 관리와 노화 관리를 함께해야 되는데, 제 말에 동의하시죠?
- 보험료 납입은 어느 은행으로 하시겠습니까?
- 고객님께서 걱정하시는 문제만 해결되면 보험에 가입하시겠습니까?
- 망설이는 이유가 무엇입니까?
- 보험료는 적당하십니까?
- 적당한 보험료가 얼마면 만족하시겠습니까?
- 보험 가입에 가장 큰 걸림돌은 무엇입니까?

받아치기 질문법도 다음과 같이 마무리할 때 유용하게 사용할 수 있다.

> 고   객: 지금 제품을 가져오셨나요?
>
> 영업인: 지금 제품을 가져오면 구매하시겠습니까?

> 고   객: ○○ 효능 말고 △△ 효능 있는 것도 있습니까?
>
> 영업인: △△ 효능이 고객님께 꼭 필요하십니까?

> 고   객: 뇌졸중을 집중적으로 보장받는 보험 상품이 있나요?
>
> 영업인: 고객님은 뇌졸중이 가장 걱정이 되나 보죠?

마무리 질문을 하고 나서는 고객의 답변을 기다리자. 입을 다물고 아무 말도 하지 마라. 쉬운 것 같지만 쉽지 않다. 고객이 10초 이상 말하지 않으면 경험 없는 영업인은 답답해서 먼저 말하기 시작한다. 고객이 거절할지도 모른다는 심리적 압박감을 이기지 못하고 고객의 대답은 들을 생각을 하지 않고 장황하게 자기 얘기를 늘어놓는다. 침묵을 견디지 못하고 하는 말은 대부분 불필요한 말이다. 그러니 이때야말로 '침묵은 금이다.'

고객은 마무리 질문을 받으면 많은 생각을 한다. 고객에게도 생각할 시간을 줘야 한다. 고객이 구매할 생각이 없다면 여러 가지 핑계 중 한 가지를 대며 망설일 것이다. 그때 다시 질문하라. "그 이유를 해결한다면 구매할 생각이 있으십니까?" 또는 "그 불만을 해결해 드리려면 어떻게 해야 합니까?"라고 질문하면 고객은 자신의 이야기를 다시 시작할 것이다. 그런데도 고객이 계속 침묵한다면 어떻게 해야 할까? "그럼 오늘은 여기까지만 하고 물러나겠습니다. 다음에 다시 오겠습니다"라고 말하고 그 자리에서 물러나라. 때론 시원한 모습을 보여줘야 다음을 기약할 수 있다.

마무리를 시도할 때 주의할 점이 있다. 당신이 상담하고 있는 고객이 자칫 '마무리당하고 있다'는 느낌을 받지 않도록 해야 한다는 것이다. 고객은 스스로 구매하기를 원하지 결코 판매당하는 것을 원치 않는다. 이런 고객에게 무리하게 마무리를 시도하면 거부 반응은 더 커질 수밖에 없다. 다시 한 번 강조하지만, 가장 좋은 방법은 고객의 구매 욕구를 자극하여 스스로 마무리하도록 질문하는 것이다.

마무리할 시기도 잘 맞추어야 한다. 당신은 식당에서 식사를 하다 한 번쯤은 파인애플을 파는 상인을 만났을 것이다. 한창 배고파서 식사를 하는데 파인애플을 깎아주며 먹으라고 하면 받아먹지도 않을뿐더러 사지도 않는다. 그러나 식사를 다 하고 후식을 먹어야 할 때쯤 나타나서 파인애플을 깎아주며 먹으라고 하면 살 확률이 높다. 이게 무얼 말하는가. 바로 타이밍이다.

마무리를 시도할 때도 적절한 시기가 있다. 고객의 구매 욕구를 충분히 끌어올렸지만 아직 살까 말까 망설일 때 결정적인 슛을 날려야 한다. 골문에서 너무 멀면 공이 빗나갈 확률이 높듯, 고객의 구매 욕구가 아직 충분하지 않을 때 마무리를 시도하면 실패할 확률이 높다. 경험이 많은 영업인이라면 마무리하기 좋은 때를 감각적으로 알 수 있다. 고객이 가만히 듣고만 있다가 갑자기 질문을 많이 하기 시작하면 마무리할 때다. 또한 구매를 원하는 고객은 처음부터 관심 있는 태도를 유지하기 때문에 마무리할 때를 판단하기가 그리 어렵지 않다.

축구 선수가 기회가 있을 때마다 슛을 쏘듯 당신도 기회가 있을 때마다 마무리를 시도하라. '아니면 말고'다. 실패했다고 무엇이 바뀌었는가. 실패했다고 당신이 손해본 것이 있는가. 없다. 그러니 거절을 두려워하지 마라. 망설이거나 머뭇거리지 마라. 다시 한 번 마무리를 시도하라. '아니면 말고'를 기억하라.

마무리할 때나 혹은 효과를 설명할 때 고객이 당신에게 질문할 수도 있다. 충분히 대답할 만한 것이라면 모르겠지만, 답변하기 곤란하거나 예상치 못한 질문, 굳이 답할 필요가 없거나 흐름과 관계 없는 질문을 할 경우 대답을 해야 하는지 말아야 하는지 고민스러울 때가 있을 것이다. 이럴 때는《반론의 기술》(2008)에 나오는 다음과 같은 방법으로 대처하면 좋다.

① **질문은 인정하지만 답하지 않는다.**

　　ex: 그렇습니다. 좋은 질문입니다. 하지만 제 이야기는 아직 끝나지 않았습니다.

② **질문을 공격한다.**

ex: 그것은 만약의 경우에 지나지 않습니다.

그 질문은 적절하지 않습니다.

그 질문은 전제가 잘못되었습니다.

지금 상황과는 관계없는 질문입니다.

③ **질문을 완전히 무시한다.**

ex: ….

그 외에 다른 질문 없습니까?

④ **질문에 질문을 덮어씌운다.**

ex: 좀 더 분명하게 질문해 주십시오.

그 질문의 의도는 무엇입니까?

반대로 제가 여쭙고 싶습니다만….

4. 거절 처리 질문
– 핑계 대는 고객을 어떻게 할 것인가?

　이미 탐색 질문으로 고객의 문제를 알아냈고, 심화 질문과 해결질문 그리고 마무리 질문까지 하면서 고객의 구매 욕구를 자극했는데도 고객의 반응이 우리가 원하는 대로 되지 않을 때가 있다. 멋진 슛을 날려도 골이 100퍼센트 들어가지 않는 것과 같다. 문지기가 든든하면 확률은 더 떨어진다. 고객은 저마다 든든한 문지기를 두고 다양한 핑계를 대며 당신의 슛을 막으려고 하고 있다. 따라서 고객이 준비한 거절 논리에 적절한 대응책을 준비해 놓지 않으면 좋은 성과를 낼 수 없다.

　K리그에서 득점왕을 차지한 선수들을 인터뷰한 신문기사를 읽은 적이 있다. 득점왕들은 항상 골 넣는 장면을 상상한다고 한다. 어떻게 수비수를 제치고 어떻게 공을 차야 골을 넣을 수 있을지를 머릿

속에 그런다고 하니 대단하지 않은가. 우리 영업인도 마찬가지다. 영업 달인이 되려면 고객의 거절 논리를 생각하며 머릿속에 '대응책'을 마련해놓아야 한다. 철저하게 준비해야 고객의 갑작스런 태도나 질문에 당황하거나 주저하지 않고 대응할 수 있다.

고객의 거절 반응에 질문으로 답을 한다는 것은 아주 세련된 방법이다. 고객의 판단에 반론을 펴기보다는 고객의 생각을 좀 더 자세히 들어 볼 필요가 있다. 고객은 진짜 이유는 숨긴 채 다른 거절 이유를 대는 경우도 많다. 예를 들어 돈이 없다는 사실이 부끄러워 다른 이유를 대는 식이다. 또한 질문으로 고객의 감정을 상하게 할지 모르는 논쟁을 슬쩍 비켜 갈 수도 있다.

뒤에 나오는 문답들은 영업 관련 책들을 참고하였다. 특히 기능성 건강식품과 화장품은 유니베라에서 일하는 영업인들의 조언을 듣고 정리하였음을 미리 밝힌다.

기능성 건강식품과 화장품에 관한 거절 처리 질문

① **가격이 비싸다는 고객**

고　객: 너무 비싸요.

영업인: 너무 비싼가요? 이 제품은 하루에 들어가는 비용이 맥주 한 병 값도 안 됩니다. 그 가격으로 고객님의 문제를 해결할 수 있다면 그

게 더 이익 아닐까요?

가격을 주 단위, 일 단위, 심지어는 시간 단위로 쪼개 제시하는 방법이다. 이 방법은 아주 전통적인 방법으로 많은 영업인이 사용하고 있다.

고　　객: 예상했던 것보다 비싼데요.

영업인: 한 가지 여쭤보겠습니다. 고객님은 이 상품이 마음에 드십니까?

고　　객: 네, 상품은 좋습니다. 하지만 가격이 좀 부담스럽네요.

영업인: 고객님, 고객님이 '정말로' 좋아하는 상품이라면 가격이 문제가 될까요? 고객님, 가격은 한 번 고민하면 됩니다. 즉, 구매하시는 날 한 번 고민하면 끝입니다. 하지만 품질은 그 상품을 이용하는 내내 고민거리가 될 겁니다. 특히 기능성 건강식품은 먹는 것이기 때문에 안전과 효능을 꼼꼼히 따져야 하지 않을까요? 적정 가격보다 낮은 돈으로 식품을 드시는 것보다 가격이 조금 높더라도 안전하고 효과가 확실한 제품이 더 좋다고 생각하지 않으십니까?

고　　객: 가격이 너무 비싸요.

영업인: 가격이 비싼 것은 분명합니다. 몇 년 전 저희 회사는 한 가지 중요한 결정을 내렸습니다. 효과가 없어 고객에게 외면당하느니 가격을 한 번 설득하는 것이 낫겠다고 판단했습니다.

고　　객: 가격이 너무 비싸요.

영업인: 식당 메뉴를 보면 고가에서부터 저가의 음식까지 다양하지요. 그런데 고가의 음식은 굉장히 푸짐하게 한 상 차려주는데 저가의 음식은 달랑 메인 음식 하나만 나옵니다. 저희 식품을 비싸게 보셨다니, 잘 보신 거예요. 다시 말해 푸짐한 고가의 요리처럼 제대로 제품을 선택하신 겁니다.

(유니베라 수지대리점 육선옥 팀장)

　군이 비싸지 않다고 변명할 필요가 없다. 제품이 비싼 이유를 요령 있게 설명하는 편이 더 낫다. 고객이 제품을 구매할 때는 가격보다 제품의 효과에 더 관심이 많기 때문이다. 구매효과가 고객이 지불할 대금보다 크면 가격은 구매 결정에 전혀 방해 요소가 되지 않는다.

고　　객: 가격이 너무 비싸요.

영업인: 당연히 비싸죠! 시장에 놓여 있는 두 장에 1만 원짜리보다는 백화점 진열대에 세워놓은 옷이 훨씬 비싸고 고급 제품이지 않습니까. 지금 선택하신 제품이 으뜸가는 고급 브랜드 제품입니다.

(유니베라 안양 신평촌대리점 김혜정 팀장)

② 혼자서 구매 결정을 내리지 못하는 고객

고　　객: 남편과 상의를 해 봐야겠어요.

영업인: 고객님, 고객님께서는 일주일에 식료품을 사는 데 얼마를 쓰십니까?

고　객: 글쎄요. 약 10여 만 원 정도 쓰는 것 같아요

영업인: 그러면 고객님은 마트에 가실 때마다 남편분께 물어보고 가십니까?

고　객: 물론 아니에요.

영업인: 이 제품을 월 기준으로 나누면 고객님이 한 번 마트에 가는 비용밖에 되지 않습니다. 그리고 기능성 건강식품은 거의 여성분이 알아서 구매하지 남편분과 상의하는 경우는 보기 힘듭니다.

고　객: 남편과 상의를 해 봐야겠어요.

영업인: 고객님, 질문을 하나 드리겠습니다. 이것이 고객님께서 구매를 미루는 유일한 걸림돌인가요? 아니면 다른 문제가 또 있는 건가요?

고　객: 아닙니다. 제가 걱정하는 것은 ○ ○ ○ 때문입니다.

고　객: 남편과 상의를 해 봐야겠어요.

영업인: 내 건강을 남편이 지켜주지 못하며, 자식 또한 내 건강을 지켜주지 못합니다. 고객님은 병석에 오랫동안 누워서 간호를 받아 보셨는지요. 아니면 오랫동안 병간호를 해 보셨는지요. 긴병에 효자 없으며 돈은 또 얼마나 많이 들어가요. 고객님 건강은 당연히 고객님이 챙겨야 하고, 남편의 건강과 자식 건강도 당연히 고객님이 챙기는 게 맞지요.

(유니베라 부천남부대리점 이현숙 실장)

③ 경쟁 제품과 비교하는 고객

고　객: ○○○사 식품이 훨씬 싸고, 효과도 좋다던데….

영업인: ○○○사의 식품도 참 좋죠. 효과 보신 분도 많더군요. 지금 고객
님처럼 △△△ 부분의 기능을 높여주는 효과는 작년 기능성 건강
식품 매출 부문 최고 히트상품으로 인정받은 이 식품이 월등하지
않을까요? 고객님 생각은 어떠세요?

고　객: ○○○사의 제품이 훨씬 좋던데….

영업인: 고객님 제가 견본을 좀 드릴게요. 이걸 사용해보시고 느낌을 이야
기해 주세요. 제가 1주일 후에 다시 와서 사용 소감을 여쭤 봐도 괜
찮겠지요?

(유니베라 송내남부대리점 김진숙 팀장)

　그 밖에 자가 피부 진단 설문지를 받아본 후 예쁘게 포장한 견본
제품을 준다. 1~2주 동안 사용한 뒤 느낌을 말하게 하는 프로슈머
역할을 유도한다.

④ 생각해보겠다는 고객

고　객: 생각해보겠습니다.

영업인: 좋습니다. 생각해보시겠다니 반갑군요. 저희 제안에 관심이 없다

면 생각하느라고 시간을 낭비할 까닭이 없을 테니까요. 그런데 고객님 제가 도와드리겠습니다.

고　　객: 뭘 말입니까?

영업인: 저는 이 제품의 전문가입니다. 마땅히 고객님께서 생각해보신다는데, 올바른 판단을 할 수 있도록 도와 드려야죠. 그렇지 않습니까?

고　　객: 생각해보겠습니다.

영업인: 지금까지 지켜본 바로는 고객님께선 건강에 관심이 많으신 것 같습니다. 그럼 저희 사무실에 직접 오셔서 건강에 관한 좀 더 많은 정보를 얻는 게 좋지 않을까요?

고　　객: 생각해보겠습니다.

영업인: 이제껏 가정을 돌보느라 자신에겐 제대로 투자 한 번 못 해 보셨죠! 지금부터라도 자기를 아끼고 더 풍요로운 노년을 상상해 보세요. 건강하고 멋진 노년을 위해 지금부터 투자해야 하지 않을까요?

⑤ 믿지 못하는 고객

고　　객: 당신이 말한 것처럼 이 제품이 그렇게 좋아요?

영업인: 고객님 ○○○ 원장님도 저희 식품을 드시는데, 얼마나 많은 효과를 보셨는데요. 요즘은 만나시는 분마다 침이 마르게 저희 식품 자랑을 하세요. 고객님도 꼭 효과를 보실 거예요.

고　　객: 당신이 말한 것처럼 이 제품이 그렇게 좋아요?

영업인: 그럼요. 저희 회사 역사가 ㅇㅇ년인데, 이 명성을 유지하려면 많은
연구와 노력이 필요합니다. ㅇㅇ년 동안 회사를 유지하고 있다는
사실은 그동안 고객에게 만족을 주었다는 증거 아니겠습니까?

⑥ 약을 먹겠다는 고객

고　　객: 차라리 그 가격이면 약을 먹겠어요.

영업인: 고객님 약도 필요하면 드셔야죠. 지금 당장 염증 때문에 고열로 쓰
러지게 생겼는데, 제가 식품을 권할 순 없지요. 하지만 지금 고객님
께서는 약보다는 기능성 건강식품 섭취와 생활습관 개선으로 충분
히 건강해질 수 있습니다. 호미로 막을 일을 가래로 막으시겠어요?
자료를 보면 약 좋아하는 우리나라 국민들 수백 명이 해마다 약화(藥
禍)로 사망하고 있습니다. 그런데도 약을 먼저 찾으시겠습니까?"

미국의학연구원(IOM) 보고서에 따르면, 매년 미국인 15만 명이 병
원 처방약 오류 등으로 병이 더 나빠지거나 상해를 입고 있으며, 투
약 실수로 죽는 사람은 한 해 7,000명에 이른다고 한다. 2003년 일본
의 후생노동성은 2001년 한 해 동안 1,239명이 약화 사고로 사망했
다고 밝혔다. 우리나라도 연간 800~1,000명이 약화 사고로 사망한
다고 추정한다. 약 좋아하는 국민성을 감안하면 약화 사고 사망자
가 수천 명에 이를 것으로 보는 전문가도 많다.

고　　객: 식품보단 약이 효과적이지.

영업인: 고객님, 약은 급성으로 나타나는 질환이나 증상만을 없앨 때 필요
하지요. 원인을 찾아서 개선할 때는 결국 식품으로 해야 합니다.
만성 질환을 약으로 치료하려 한다면 간이나 신장 같은 다른 장기
가 망가질 각오를 해야 합니다. 약이 모든 병을 고칠 수 있다는 생
각은 잘못된 것입니다. 근본적인 치료나 개선을 원한다면 기능성
건강식품 선택이 현명한 일이죠.

(유니베라 안양신평촌대리점 김혜정 팀장)

거절 처리를 할 때 지나치게 기교를 부리거나 고객을 억지로 설득
하려고 하지 마라. 고객을 이해하며 더 많은 질문으로 고객의 구매
욕구를 자극하는 것이 상책이다. 이미 언급했지만 구매 저항이나
망설임은 고객이 아직 문제의 심각성을 깨닫지 못하여 제품의 필요
성을 느끼지 못하기 때문이다.

이런 현상은 고객의 문제를 충분히 파악하지 않은 상태에서 성급
하게 효과를 설명하거나 마무리를 하려고 할 때 발생한다. 고객의
반응이 나쁘면 순순히 물러나는 것도 좋은 방법이다. 고객에게 구
매를 강요하지 않는다는 인상을 남기는 편이 훨씬 낫다. 다시 그 고
객을 만나러 가기 전에 질문할 내용을 충분히 계획하면 된다.

다음은《세일즈 바이블》(2007)에 나오는 영업의 달인 톰 홉킨스의
거절 처리 기법을 재구성해보았다. 당신이 만나는 가망고객 가운데
대부분이 다음과 같은 말로 구매 결정을 늦추려고 할 것이다.

- 다시 한 번 생각해볼게요.
- 우리는 좀 더 생각해보고 싶어요.
- 우리는 성급하게 결론내리지 않아요.
- 전단지를 놓고 가시면 보고나서 필요한 게 있을 때 연락드릴 게요.
- 생각해보고 전화드리겠습니다.
- 다음에 (다음 주 또는 휴일 지나서) 다시 오시면 어떨까요. 그때 알려 드릴게요.

당신은 이런 말을 들으면 어떻게 행동하는가? 고객은 "예, 그러세 요. 꼭 생각해 보시고 연락주세요"라고 자기 말에 동의하고 물러나 주기를 기대한다. 왜냐하면 영업인 대부분은 이런 말을 듣고 순순 히 물러나기 때문이다. 당신이 이처럼 물러나면 과연 가망고객은 당신이 놓고 간 전단지를 보면서 곰곰이 생각해볼까? 결코 그렇지 않다. 당신이 나가자마자 전단지는 쓰레기통으로 들어가고 가망고 객은 새로운 일을 시작하면서 당신의 제안은 까마득히 잊어버릴 것 이다. 그렇다면 가망고객이 "나는 한 번 더 생각해보고 싶어요"라고 말할 때 영업 달인들은 어떻게 대처할까? 다음과 같이 묻는다.

"고맙습니다. 그래도 저희 제품에 어느 정도 호감을 느끼시니 생 각해 보신다고 하시겠죠. 그렇죠, 고객님?"

그러면 고객 대부분은 아무 말을 안 하거나 "네, 맞습니다"라고 말 할 것이다.

당신이 이 질문을 던질 때에는 살짝 미소를 과감하게 짓고 고객에게 졌다는 듯이 행동하는 게 도움이 된다. 고객이 심사숙고할 것이란 점을 확인하자.

"선생님이 이토록 관심 있으신 만큼 매우 세심하게 고려하실 거라고 생각해도 되겠습니까?"

이때 "매우 세심하게 고려한다"를 강조하는 어조로 천천히 말해야 한다. 이렇게 하면 고객은 당신이 물러날 것처럼, 그리고 포기하는 것처럼 행동하므로 그렇다고 대답할 것이다. 이때 다음과 같이 물어라.

"제 생각을 정리하고 싶어서 그렇습니다만, 선생님께서 생각해보고 싶다는 문제가 저희 회사가 못미더워서 그렇습니까?"

여기서 각기 다른 두 문장을 어떤 식으로 연결했는지 주목하라. 자세한 설명은 뒤에서 다시 하겠다. 그럼 고객은 어떻게 대답할까?

"아니요, 당신네 회사는 믿을 수 있습니다."라고 답할 것이다. 그러면 당신은 그 말을 받아서 다음과 같이 질문을 이끌어 가야 한다.

"그럼 저의 판매 방식에 문제가 있었나요?"

"아닙니다. 우린 당신이 가장 훌륭한 영업인이라고 생각합니다."

"그것도 아니면 제품의 효과가 진짜 있는지 걱정되십니까?"

"아뇨, 그건 아닙니다. 우리가 이미 확인했잖습니까?"

"그럼 혹시 제가 맘에 안 드십니까?"

"아뇨, 그럴 리가요."

이처럼 대화가 진행되면 가망고객은 "노"라고 말할 때마다 궁극적으로는 "예스"라고 말하는 셈이 된다. 이 기법은 제품이 주는 효과를 종합적으로, 그것도 교묘하고 솜씨 있게 고려하도록 만들어 준다. 따라서 이야기를 하지 말고 질문해야 한다.

만일 가망고객이 당신과 조금이라도 일을 더 진행할 생각이 있는 경우라면 마지막으로 무슨 문제를 꺼내야 할까? 바로 돈 문제다. "저희 회사 제품 가격이 문제입니까?"라고 물으면 가망고객은 "글쎄요, 그런 돈 문제라면 반드시 심사숙고해봐야 하지 않을까요"라고 대답할 것이다. 그리고 "그 문제라는 게 실제로는 돈 문제군요, 그렇지 않습니까?"라고 물으면, 고객은 "예, 바로 그거죠"와 같이 답할 것이다.

그럼 지금까지 한 대화에서 영업인은 무엇을 얻었을까? 아주 많은 걸 얻어 냈다. 특히 '생각 좀 해봐야겠으니까 그만 가 줘'라는 단계도 돌파했고, 드디어 '돈 문제'라는 반론의 실체와도 맞닥뜨린 것이다.

이 마무리를 시도할 때 당신이 "제 생각을 정리하고 싶어서 그렇습니다만, 선생님께서 생각해보고 싶다는 문제가 저희 회사가 못미더워서 그렇습니까?"라고 말할 때 급소에 해당하는 지점이 있다. 이 문장을 "선생님께서 생각해보고 싶다는 문제가 무엇입니까? 저희 회사가 못 미더워서 그렇습니까?"처럼 두 문장으로 나눠서는 안 된다. 그리고 "저희 회사의…"를 언급할 때 어조를 다르게 함으로써 실제로 문제가 있는 듯한 인상을 풍겨서도 안 된다.

그 이유는, 이렇게 말 사이에 시간을 주면 가망고객은 "아뇨, 말씀하신 것 전체를 다시 생각해보고 싶어서요"라고 말하게 되고, 결국 당신은 아무런 성과도 얻을 수 없기 때문이다.

돈 문제밖에 남지 않았다 싶은 경우에는 이 문제만 잘 처리하면 뜻밖의 소득을 올릴 수 있으므로 적절하게 처리해야 한다. 이 과정에서 돈 문제 외에 고민하는 것은 더 없는지 물어봐야 한다. 더 이상 없다면 이제 돈 문제를 어떻게 해결하는지 방법을 알아보자. 이럴 때 고객 대부분은 이렇게 말한다.

"생각보다 가격이 비싸군요. 그렇게 비싼 것을 살 여유가 없어요."

이때 중요한 점은 제품의 총 가격과 고객이 생각하고 있는 가격 사이에 어느 정도 차이가 있는지 알아내는 것이다. 제품의 총 가격이 127만 원인데 고객이 생각하고 있는 가격이 100만 원이라 한다면 차이는 27만 원이다. 그러니 127만 원이 문제가 아니라 27만 원만 극복하면 된다. 이제 100만 원은 무시하고 27만 원에 초점을 맞춰라. 이때에는 가격 쪼개기 방법을 사용하면 된다. 그리고 반드시 계산기를 고객에게 보여 주면서 계산하고, 이렇게 질문해야 한다.

"고객님 보세요, 고객님은 27만 원 때문에 망설이는데 고객님이 이 제품을 3개월 드신다고 가정하면, 27만 원을 3개월, 그러니까 90일로 나눠보면 하루에 3,000원 꼴입니다. 하루 3,000원을 투자해서 고객님의 건강 문제를 모두 해결할 수 있다면 그것이 더 이익 아니겠습니까?"

고객은 이제 당신의 질문을 받았다. 이쯤 되면 고객은 침묵할 것이다. 기다려라. 고객이 무슨 말을 할 때까지. 고객이 말이 없다고 절대 주절주절 상품 설명을 하거나 불필요한 말을 늘어놓지 마라.

물론 그렇게 쉽게 될 수 있겠냐고 반문하는 사람도 있을 것이다. 그러나 당신도 알다시피 영업은 확률이다. 만나는 모든 고객에게 제품을 판매할 수는 없다. 다만 판매 확률을 높일 수 있는 방법을 찾는 것이다. 이런저런 방법을 찾아내고, 연습하고, 동료들과 잘못된 부분을 고치면서 기술을 익혀나가는 자세가 필요하다.

보험에 관한 거절 처리 질문

고객이 보험 가입을 거절하는 이유는 비슷하다. 그런데도 어떤 영업인은 거절 핑계를 잘 다루어 상담에 성공하고, 어떤 영업인은 실패한다. 실패하는 이유는 무엇일까? 준비하지 않기 때문이다. 준비없이 고객을 만나고 고객의 거절 핑계에 임기응변으로 대응하다 보니 고객을 설득하지 못한다. 고객이 말하는 거절 유형마다 적절한 대응책을 준비해 놓으면 계약 성공 확률을 높일 수 있다. 대표적인 거절 유형은 다음과 같다.

① 이미 많은 보험에 가입했다.
② 생각해보고 연락주겠다.
③ 아는 사람 중에 보험 영업을 하는 사람이 있다.

④ 집에 가서 상의해보겠다.

⑤ 형편이 안 된다/여유가 없다.

⑥ 보험에 들어 손해본 적이 많아 다시는 보험을 들 생각이 없다.

그렇다면 위와 같은 거절 유형에 대응하는 적절한 방법은 무엇일까?

① 이미 많은 보험에 가입했다.

· 요즘 보험에 가입 안 하신 분이 있나요. 다만 보험도 편식하시는 분들이 계시더라고요. 고객님께서 가입하신 보험의 보장 내용을 분석해 드리고 싶은데, 어떠신지요?

· 혹시 어느 한 부분만 지나치게 중복 보장을 받는지 검토해볼 필요가 있거든요. 제가 도와드려도 될까요?

② 생각해보고 연락주겠다.

· 고객님 제가 도와드리겠습니다. 고객님께서 생각해보겠다고 하는 내용이 보장 내용에 관한 것입니까? 아니면 수익률에 관한 것입니까?

③ 아는 사람 중에 보험 영업을 하는 사람이 있다.

· 아는 사람이 고객님의 인생을 책임져 줄까요? 그렇지 않습니다. 보험은 사람이 아니라 상품을 보고, 미래를 보고 가입하는

겁니다.

· 보험은 가족과 본인을 위해 가입하는 것이지 아는 사람을 위해 가입하는 것이 아닙니다. 멀리 있는 아는 사람보다, 가까이 있고 신뢰할 수 있는 영업인에게 가입하시는 게 유리하지 않을까요?

④ **집에 가서 상의해보겠다.**

· 고객님 저는 보험 전문가입니다. 상의할 일이 있으면 저하고 하셔야죠. 그렇지 않습니까?

· 요즘은 아파트나 자동차도 여성들이 구입한다고 합니다. 남자들은 그냥 보고만 받는 것이죠. 하물며 보험은 가족 사랑의 표현인데 설마 남편분이 반대하시겠습니까?

⑤ **형편이 안 된다/여유가 없다.**

· 보험은 전기사용료, 전화비처럼 생활비라고 생각해야 합니다. 적은 돈으로도 충분히 보험 가입이 가능하거든요. 보험료도 일종의 생활비라고 생각해야 하지 않을까요?

· 여유가 있어서 보험 가입을 하는 것이 아닙니다. 몇 만원 있어도 그만 없어도 그만인데, 적은 돈으로 유사시에 많은 도움을 받을 수 있습니다. 그러니 보험이 꼭 필요한 것 아니겠습니까?

⑥ **보험에 들어 손해본 적이 많아 다시는 보험을 들 생각이 없다.**

· 지나치게 큰돈을 보험료로 냈던 고객님 중에 그렇게 말씀하시는 분들이 더러 있습니다. 부담 없이 적은 돈으로 가입하면 해약하는 일은 없을 거라고 생각하는데, 고객님의 생각은 어떻습니까?

영업인이라면 누구나 거절을 경험한다. 계약서에 순순히 서명하는 고객보다 거절하는 고객, 까다로운 고객, 핑계 대는 고객, 망설이는 고객을 더 많이 만난다. 성과가 좋은 사람들은 말 잘 듣는 고객만 만나고 성과가 나쁜 사람은 까다로운 고객만 만나겠는가. 결코 그렇지 않다.

그런데 왜 누구는 좋은 성과를 내고 누구는 형편없는 성과를 낼까? 이유는 여러 가지가 있겠지만 그중 하나는 거절을 처리하는 데 미숙하기 때문이다. 영업인이 어떤 제품을 취급하든지, 만나는 고객이 어떤 방법으로 거절을 하든지 거절 유형은 위에서 보여준 사례를 벗어나지 않는다. 당신이 취급하는 제품에 맞춰 거절 유형들을 연구하고 처리 방법을 꾸준히 찾아내어 활용하다 보면 당신도 좋은 성과를 낼 수 있다.

거절이나 망설임을 원만히 처리하여 고객은 당신의 제품을 구매했다. 고객을 처음 만나서 거래가 성사되기까지의 과정은 쉽게 되는 경우도 있지만 힘들 때가 대부분이다. 그러므로 새로운 고객을 만드는 일보다 기존 고객을 잘 관리하는 일이 더 쉽다는 사실을 알 수 있다. 한 번 거래로 끝날지 지속적으로 거래할지는 당신 손에 달려 있다.

고객관리를 어떻게 하느냐에 따라 지속적인 관계를 유지할 수 있으며, 또 다른 고객도 소개받을 수 있다. 다음 장에서는 고객관리를 위한 질문법과 소개받기를 위한 질문법을 배울 것이다.

5장

고객관리와 소개판매로
영업에서 성공하라

'가망고객을 찾아나설 필요가 없는 사람'은

그냥 얻어지는 게 아니고, 철저한 고객관리 후에 가능한 것이다.

여기서는 고객관리를 잘해서 재구매율을 높이는 방법과

성과를 높이기 위한 소개 판매 방법을 소개한다.

? The Power of Question ——————

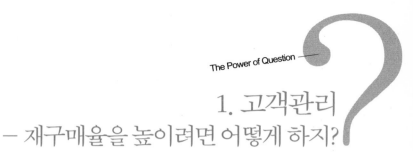

1. 고객관리
- 재구매율을 높이려면 어떻게 하지?

고객관리를 할 때 월마트의 창업자인 샘 월트의 다음 말은 두고두고 새겨둘 만하다.

보스는 단 한 사람, 고객뿐이다. 고객은 회장에서부터 하부의 구성원들까지 모두 해고할 수 있는 능력이 있다. 고객이 다른 곳에 돈을 쓰면 결국 우리는 일자리를 모두 잃을 수밖에 없다.

그렇기 때문에 고객은 당신에게 당당하게 요구할 권리가 있다. 만약 당신이 고객의 요구를 거부한다면 고객은 거래 회사를 바꾸거나 영업인을 바꿔버리면 그만이다. 그러나 당신이 고객을 바꾸는 일은 없다. 고객을 한 명 잃을 뿐이다.

고객관리가 왜 중요한지 모르는 사람은 없다. 고객관리 방법도 잘 알고 있을 것이다. 그러나 제대로 실천하는 사람은 몇 안 된다. 영업인은 심리적으로 매출에 쫓기다 보면 이미 구매한 고객보다 당장 구매할 수 있는 고객에게 더 관심이 간다. 그러면 고객은 불평한다. 물건을 팔 때는 자주 오더니 팔고 나니까 코빼기도 안 보인다고. 고객이 이런 불평을 한다면 재구매는 물론 가망고객 소개도 물 건너 갔다고 보면 된다.

영업인은 제품을 주고 돈을 받으면 그것으로 판매가 끝나는 줄 착각한다. 기능성 건강식품 분야에서는 고객이 식품을 잘 챙겨먹는지, 호전반응은 있는지, 효과는 보는지 등을 확인하여 고객이 구매한 제품에 만족한다고 말해야 비로소 판매가 끝난 것이다.

또 화장품은 트러블이 없는지, 사용감이 좋은지, 피부 문제를 잘 해결하고 있는지를 확인해야 한다. 영업에서 판매 종료 시점은 없을 뿐만 아니라, 판매 종료란 말 자체가 있을 수도 없다. 판매는 항상 현재 진행형이다.

보험, 자동차, 가전제품은 한 번 구매하면 언제 재구매가 일어날지 막막하다. 짧아도 몇 년, 길면 10년 이상이 걸릴지 모르니 재구매만 바라보고 고객관리를 한다면 지루할 것이다. 그러므로 재구매 주기가 긴 제품의 경우 고객을 소개받기 위해 고객관리를 해야 한다.

기능성 건강식품은 구매주기가 길어야 몇 개월이다. 구매주기가 짧아 고객관리가 지루하지 않다는 장점이 있지만, 그만큼 고객관리하느라 바쁘다. 제품을 살 때 얼굴을 보고, 다시 구매할 때나 돼서야 얼굴을 본다면 고객에게 신뢰를 얻을 수 없다.

혹시 당신의 매출 가운데 재구매 비율이 얼마나 되는지 따져본 적 있는가. 영업 달인일수록 재구매 비율과 소개판매 비율이 높다. 아직도 신규고객 매출 비율이 60퍼센트 이상이라면 고객관리를 제대로 못하고 있음을 반성해야 한다. 개척은 영업인이 쉬지 않고 해야 할 당연한 일이지만 신규 개척고객에게 매출 의존도가 너무 높으면 월초마다 막막하고 힘들어진다. '가망고객을 찾아 나설 필요가 없는 사람'은 그냥 얻어지는 것이 아니다. 철저한 고객관리 후에 얻을 수 있다. 그렇다면 고객관리를 어떻게 해야 할까?

첫째, 목표와 계획을 세워라. 흔히들 매출 목표와 매출 계획은 있어도 고객관리 계획은 없다. 앞에서 본 주간 계획표를 보기 바란다. '주간 목표' 란에 고객관리 항목도 포함하고 있다. 그곳에 당신이 일주일 동안 할 수 있는 고객관리 목표를 반드시 적어 놓아야 한다.

예를 들어 '일주일에 기존 고객 일곱 명 만나기', '하루 세 명과 통화하기', '주 1회 모든 고객에게 문자메시지나 이메일 보내기'와 같은 실천 목표를 구체적으로 세워놓고 실행해야 한다. 이때 누구를 언제 만날지, 누구와 언제 통화할지 미리 계획을 세워 주간 계획표의 '약속과 실천사항' 란에 적어놓으면 깜빡 잊는 일은 없을 것이다. 매출에 쫓겨 신규고객을 만나느라 바쁘게 활동하다 보면 기존 고객을 관리하는 데 소홀하기 쉽다. 하지만 계획을 세워 시간을 잘 나누어 쓰면 고객관리를 효과적으로 할 수 있다.

둘째, 고객카드 관리에 정성을 기울여라. 고객을 처음 만나면 이름, 주소, 연락처처럼 간단한 사항만 기록할 수밖에 없다. 그 후에는 만날 때마다 좀 더 자세하고 정확하게 적어나가되, 만나는 그날그날 바로 적어야 잊어버리지 않는다. 특히 꼭 적어놓아야 할 사항은 고객의 성격적 특성이다. '약속 어기는 것을 싫어함', '성격이 까다로움', '가격을 깎으려고 함', '선물을 좋아함' 등과 같이 적어놓으면 고객을 만날 때 대비할 수 있다.

고객카드의 정보가 정확해야 그것을 바탕으로 경조사를 챙기고, 구매주기를 알 수 있다. 고객카드가 너덜너덜해질 때까지 보고 또 보며 고객을 연구해야 고객이 무엇을 원하는지, 무엇을 하고 싶어하는지, 무엇이 필요한지를 알 수 있다. 고객을 알지 못하면 고객관리를 제대로 할 수 없다.

셋째, 고객의 불만을 적극적으로 처리하라. 손님이 많은 식당에서 식사를 한 적이 있을 것이다. 식사를 하다 잠깐 고개를 들었을 때 종업원과 눈이 마주치면, 그 종업원은 어느새 내 앞으로 다가와서 "손님, 뭐 필요하세요?"라고 묻는다. 고객관리는 바로 식당 종업원처럼 고객이 말하기 전에 해야 한다.

기능성 건강식품이나 화장품 영업에서 고객의 가장 큰 불만은 '효과'와 관련 있다. '부작용인 것 같다', '효과가 없다', '내 체질이나 피부엔 안 맞나보다'와 같은 불만이 있을 수 있다. 이럴 때를 대비하여 미리 미리 호전 반응을 설명하고, 식품과 약이 다른 점, 복용법과 사용법 등을 일러주면 웬만한 불만은 생기지도 않는다. 제품의 색과

질이 변하거나, 상태가 바뀐 경우에는 최대한 빨리 처리하는 것이 좋다. 이런 경우 무조건 고객이 원하는 대로 해주고 꼭 한마디를 덧붙여라. "고객님, 말씀해 주셔서 고맙습니다"라고.

고객이 노발대발 열을 내서 불평불만을 얘기할 때는 고객에게 공감하며 끝까지 경청하는 게 먼저다. 고객의 화가 진정될 때까지 들어줘야 한다. 당신은 여러 번 겪은 일이라 고객이 첫마디만 떼도 무엇을 말하려는지 알 것이다. 그렇다고 고객의 말을 중간에서 자르면서 다 알고 있다는 듯이 말하지 마라. 고객은 처음 겪는 일이다.

다 알고 있는 이야기라도 끝까지 듣고 진심으로 공감하라. "고객님, 걱정 많이 하셨죠. 저 같아도 그랬을 겁니다. 다 이해합니다"라고 말하고, 이어서 "혹시 다른 문제나 궁금한 점은 없나요?"라고 질문하라. 고객이 충분히 자기 이야기를 하도록 유도하라. 그러면 고객은 당신을 신뢰할 것이다.

다음 〈표 5-1〉은 금지해야 할 말투 5가지다. 이것은 《서비스 달인의 비밀 노트 1-실전 편》(2014)에 나오는 것을 그대로 옮겨 놓았다. 고의적이든 모르고 그랬든 고객의 불만을 키우는 말투다.

〈표 5-1〉 금지해야 할 말투 5가지

금지된 어법	대체 어법
"저는 모릅니다."	"와, 좋은 질문이네요. 제가 한 번 알아보겠습니다."
"저희는 그렇게 할 수 없습니다."	"와, 그건 쉽지 않네요. 하지만 할 수 있는 데까지는 해보죠." 라고 말한 다음에 다른 해결 방법을 찾아보도록 하라.
"손님께서는 이렇게 하셔야 됩니다."	손님에게 요청할 때는 다음과 같은 어법으로 부드럽게 하라. "손님께서는 이렇게 하실 필요가…" 또는 "저희는 이렇게 도와드릴 수 있을 것 같은데요" 또는 "다음번에도 그런 일이 생기면 손님께서는 이렇게 하시면 됩니다."라고 한다.
"잠깐만요. 금방 돌아올게요."	"그걸 하기 위해서는 어쩌면 2~3분(또는 실제로 걸릴 시간) 걸릴 지도 모르겠네요. 혹시 제가 알아보는 동안 기다려 주실 수 있나요?"
어떤 문장을 시작할 때 "안 돼요" 라는 말	만약 말하기 전에 생각을 한다면 모든 부정적인 말을 긍정적인 반응으로 바꿀 수 있다. "손님께 환불을 해드릴 수 없지만 무료로 그 제품을 교환해 드릴 수 있습니다."

고객에게는 당신이 바로 회사 대표다. 당신이 잘못하면 고객은 당신뿐만 아니라 회사 전체를 험담한다. 시간이 지나면서 당신 이름은 잊을지 모르지만 회사 이름은 절대 잊지 않는다. 고객은 친구들에게 이렇게 말할 것이다. "○○○사 형편없어!"라고 말이다.

가장 지혜로운 태도는 고객의 불만을 오히려 기회로 활용하는 것이다. 그러므로 강력한 신뢰를 얻을 수 있도록 최선을 다해 불만을 해결해야 한다. 다음은 효과적으로 고객을 관리할 때 사용하는 질문이다.

· 저와 거래하면서 만족스럽지 않은 점 한 가지만 지적해주시겠습니까?
· 우리가 어떻게 하면 고객님께 도움이 되겠습니까?
· 고객님께서는 만족하십니까? 혹시 그렇지 못한 점이 있다면 말씀해 주십시오.
· 고객님 지난 번 구입하신 제품은 잘 사용하고 계시죠? 사용 방법을 다시 한 번 설명해드릴까요?
· 저희 기능성 건강식품을 드시면서 ○○○ 반응이나 △△△ 반응이 나타나지 않았나요?
· 건강은 어떠신지요. 저희 식품을 드시기 전에는 ○○했는데, 지금은 괜찮아지셨는지요?
· 저희 사무실에서 우수고객 초청 건강강좌를 계획하고 있는데 고객님을 꼭 초청하고 싶습니다. 고객님께서 건강을 관리하시

는 데 많은 도움이 되리라 생각합니다만, 고객님 생각은 어떠신지요?

· 다음 주 목요일이 고객님의 결혼기념일인데 무슨 계획이라도 있습니까? 제가 두 분이 오붓한 시간을 보내실 수 있도록 ○○ 레스토랑 식사권 두 장을 예매하였습니다. 언제가 좋을지 말씀해 주시면 제가 예약을 해놓을까 하는데, 괜찮으시겠죠?

· 고객님 요즘 영화 □□이 재미있다는데 보셨습니까? 제가 예매를 해놓을 테니 편한 시간을 말씀해 주십시오.

· 다음 주 금요일에 고객님 댁 근처에 볼일이 있어서 가려고 합니다. 필요한 것 있으면 말씀해주십시오. 오후 2시가 좋을까요? 아니면 3시가 좋을까요?

· 화장품 사용 순서가 헷갈리지 않으신지요?

· 화장품을 바꾸셔서 트러블은 없는지 해서요. 괜찮으시죠, 고객님?

· 모공이 눈에 띄게 좁아지셨죠? 팩을 하시면 더 많은 효과를 얻을 수 있는데, 혹시 관심 있으신가요?

· 고객님 계약 내용이 잘 생각나지 않으시죠? 다시 한 번 설명해 드릴까요?

· 자동이체 통장에서 잔액을 확인해 보셨나요?

· 고객님 축하드립니다. 고객님께서 가입하신 보험이 최고의 상품이라는 것은 알고 계시죠?

· 혹시 가입하신 보험에 대해 궁금한 점이 있으신가요?

2. 소개 받아내기
– 성과를 높이는 비밀은 무엇인가?

브라이언 트레이시는 최고의 영업인을 이렇게 규정했다.

> 최고의 영업인은 가망고객 발굴 능력이 탁월하지만, 가망고객을 찾아 나
> 설 필요가 없는 사람이다.

왜 그럴까? 바로 고객한테 끊임없이 새로운 가망고객을 소개받기 때문이다. 소개판매는 영업 달인들이 높은 성과를 올리는 비결이다. 소개는 고객이 느끼는 신뢰감에 비례한다. 신뢰는 고객의 주관적인 판단이지만 어쩔 수 없다. 고객은 영업인을 신뢰하지 않으면 절대로 구매하지 않는다. 본인이 구매하지 않았는데 다른 사람을 소개할 까닭이 없다. 더구나 미덥지 않은 영업인에게 누가 가망

고객을 소개하겠는가.

고객은 영업인의 무엇을 보고 신뢰 여부를 판단할까? 신뢰도를 결정하는 요소는 무엇일까? 브라이언 트레이시가 저술한 《세일즈 성공전략》(2007)에는 고객이 신뢰도의 상, 중, 하를 결정하는 요소를 잘 설명하고 있다.

고객에게 신뢰를 주는 첫째 요소는 '영업인의 첫인상'이다. 판매의 성공 여부는 처음 30초 이내에 결정되는 경우가 많다. 그만큼 영업인의 첫인상은 중요하다. 고객의 머릿속에 새겨진 잘못된 첫인상은 여간해선 바뀌지 않는다. 첫인상의 95퍼센트는 옷차림에 따라 좌우되는데, 복장이 신체의 95퍼센트를 감싸고 있기 때문이다.

영업인은 어떤 제품을 취급하든 그 분야의 전문가다운 복장을 해야 한다. 목이 깊게 파인 셔츠나 청바지 차림, 너무 짧은 치마, 튀는 옷차림, 집에서나 입을 듯한 자유로운 복장으로 고객을 만난다면, 고객도 당신을 진지하게 대하지 않는다. 입도 떼기 전에 이미 고객의 머릿속은 당신을 가볍게 생각하고 거부한다.

이처럼 고객에게 거부감을 주거나 이질감을 주는 옷차림, 액세서리는 첫인상을 나쁘게 한다. 옷차림은 당신이 만나는 고객과 비슷한 수준으로 하는 게 상식이다. 학교, 관공서, 은행 등에 근무하는 직원을 만날 때와 시장이나 식당에서 일하는 고객을 만날 때는 옷차림을 다르게 해야 한다. 고객의 수준이 높을수록, 좀 더 보수적이고 공손한 태도를 보여야 판매 확률이 높다.

가망고객의 소득 수준이 확실하지 않은 사람들이나 불특정 다수를 만나야 할 때도 대체로 보수적인 옷차림을 하는 게 좋다. 보수적인 옷차림은 전체적으로 안정적이고, 확고하며, 믿음직스러운 인상을 주기 때문이다. 옷을 구입하는 방법은 가격은 높이되 수량은 줄이는 게 좋다. 좋은 옷을 입으면 영향력이 있어 보이고, 스스로 힘이 있다고 느끼기 때문에 실용적이다. 좋은 옷은 영업인의 자신감을 높여주고, 고객 또한 자신에 찬 영업인을 더 신뢰한다.

고객은 옷차림 다음으로 액세서리를 본다. 액세서리가 싸구려라는 인상을 받으면 영업인도 형편없고 판매 제품도 싸구려에다 품질이 떨어진다고 생각한다. 눈에 띄게 싼 액세서리는 차라리 하지 않는 편이 낫다.

고객에게 신뢰를 주는 둘째 요소는 '회사의 이미지'다. 고객은 영업인이 근무하는 회사가 자신의 머릿속에 어떻게 자리 잡고 있는지에 따라 구매 여부를 결정한다. 그래서 영업을 시작하기에 앞서 당신이 일을 하는 회사가 어떤 회사인지 주의 깊게 살펴볼 필요가 있다. 예를 들어 회사의 역사가 길다는 점은 오랜 기간 고객 만족을 실천해 왔다는 사실을 증명한다.

고객의 머릿속에 확실히 자리 잡은 회사나 제품이라면 새로운 기업보다 유리하다. 고객은 특히 얼마나 효과 있는 제품을 만드는지, 고객에게 얼마나 많은 이익을 주는지, 얼마나 건전한지, 연구개발 능력은 어떤지, 시장 점유율은 얼마나 되는지를 살펴보고 결정한다.

개척판매를 할 때 처음 만나는 고객은 영업인보다 회사의 이름을 믿고 구매하는 경향이 있다. 영업인은 자신이 속해 있는 회사가 고객에게 인정을 받을 때 자신감이 생기고, 근무하는 회사와 제품에 확신이 있어야 고객 앞에서 열정으로 상담할 수 있다. 회사가 당신 활동에 든든한 울타리가 돼야지 걸림돌이 된다면 좋은 성과를 낼 수 없다.

고객은 그 밖에도 영업인이 들고 다니는 유인물, 상품 소개 책자, 사보, 명함 따위를 보고도 구매 여부를 결정한다. 고객은 자신의 돈을 들여 제품을 구매하기 때문에 작은 것 하나라도 허투루 보지 않는다.

사보나 상품 소개 책자가 회사의 얼굴이라면 명함은 영업인의 얼굴이다. 그러므로 세련되고 고급스러운 이미지를 줄 수 있게 만들어야 한다. 한 사무실에 근무하는 사람들이 각자 다른 디자인의 명함을 들고 다니는 경우가 있는데 이는 고객의 신뢰를 떨어뜨릴 수도 있다.

고객에게 신뢰를 주는 셋째 요소는 '사회적 증거'다. 고객은 제품을 구매하고자 할 때 '혹시 잘못 사는 게 아닌가?', '이 제품이 영업인이 말하는 대로 정말 가치가 있을까?'라는 의구심을 품기 마련이다. 고객의 이러한 두려움을 없애줄 방법이 '사회적 증거'다. 고객은 제품을 구매하기 전에 아는 사람, 혹은 이미 그 제품을 구매한 사람에게 물어보는 경향이 있다. 주변 사람들이 만족한다고 말하면 믿고 제품을 구매한다.

또한 고객의 제품 사용 후기가 많으면 유리하다. 제품을 이용하고 아주 만족한 고객이 있다면 사용 후 소감문이나 추천장을 받을 수 있을 것이다. 당신이 직접 써서 고객의 도장이나 서명을 받아 철을 해서 망설이는 고객에게 보이면 효과가 있다.

고객에게 신뢰를 주는 넷째 요소는 효능을 입증하는 '외부 전문가의 증언'이다. 고객은 영업인이 하는 말을 곧이곧대로 믿지 않는다. 자기가 취급하는 제품을 나쁘다고 말하는 영업인은 아무도 없다는 사실을 알기 때문이다. 반면 외부 전문가가 좋다고 인정하면 진짜 좋은 제품으로 받아들인다.

텔레비전에서 방영했거나 잡지, 신문에 실린 자료를 활용하면 고객에게 확실하게 신뢰감을 심어줄 수 있다. 상 받은 사실, 특허를 받은 것, 식품의약품안전처에서 인정을 받은 것, 이름난 사람이나 지역의 유력인사가 제품을 이용하고 있다는 사실은 고객의 신뢰를 얻는 데 많은 도움을 준다. 당신 고객 중에 유명 연예인이나, 운동 선수, 시의원, 국회의원처럼 존경을 받거나 우러러 보는 사람이 있다면 이 사실을 적극적으로 알려라. 이는 고객이 구매를 결정하는 중요한 요인이 된다.

고객에게 신뢰를 주는 다섯째 요소는 '제품의 효능'이다. 영업인이 취급하는 제품이 문제를 해결하고 욕구를 충족해준다면 고객은 그 제품을 신뢰한다. 제품의 가치가 고객이 지불하는 가격보다 크다고 생각하면 고객은 구매를 망설이지 않는다. 그러므로 고객의 문제를 정확히 파악하여 적절한 제품을 권해야지 아무거나 하나 판다는 생각은 매우 위험하다. 판매 욕구가 지나치면 무리하기 쉬운데, 이는 신뢰를 잃는 지름길이다.

고객에게 신뢰를 주는 여섯째 요소는 '판매 보증과 약속을 확실히 이행한다는 믿음을 심어주는 것'이다. 고객이 제품을 구매하며 걱정하는 이유는 효과나 혜택을 의심하기 때문이다. 고객의 이런 걱정을 없애려면 "효과가 없으면 돈을 돌려주겠다" 또는 "효과가 없으면 반품해도 된다"고 자신 있게 말하면 된다.

망설이는 고객이 있다면 "고객님께서 이 제품에 만족하시리라는 사실을 제가 보증합니다. 고객님께서 좋은 결정을 하셨다고 느끼실 수 있도록 개인적으로 무엇이든 해드릴 수 있습니다. 저희 제품을 한번 이용해 보십시오. 진심으로 권합니다"라고 말해보라. 당신이 제품에 확신이 없다면 도저히 불가능 말이다. 이처럼 확신에 찬 약속은 고객의 신뢰를 얻어 판매에 큰 도움을 준다.

고객에게 확실한 신뢰를 얻으면 소개는 자동으로 이어진다. 그렇다고 모든 고객이 소개를 해주지는 않는다. 고객이 소개를 망설일 수도 있고, 소개 자체를 모르는 고객도 있다. 이럴 때 고객에게 다음과 같이 질문해보자.

"저희 제품에 어느 정도 만족하십니까?"

고객이 이 질문에 긍정적인 답을 하면 당신이 취급하는 제품에 신뢰가 있다는 증거다. 본격적으로 소개를 부탁할 만하다. 이런 고객에게는 자신 있고 당당하게 다음과 같이 소개를 요청하라.

"고객님 주변에 고객님처럼 우리 제품이 꼭 필요한 사람 3명만 소개해 주십시오."

소개 요청은 막연하게 하기보다 구체적으로 지명하여 부탁하는 것이 좋다. 예를 들어, "고객님이 만나는 친목회원 중에서 정기적으로 병원에 다니는 분이 계십니까? 한번 상담하고 싶은데 3명 정도 소개해주십시오"라고 부탁하면 고객도 생각하기 편하고, 소개받을 확률이 높다.

평소에 고객과 자주 만나다 보면 고객이 참여하는 모임이나 단체를 알 수 있다. 동창 모임, 직장 동료, 동종 업종 모임, 학부모회, 친목회, 에어로빅이나 헬스와 같은 운동 모임에 관해 물어본 후 모임 회원들을 소개해 달라고 부탁하는 방법이 좋다. 이때 지나가는 말투로 하면 고객도 가볍게 생각한다. 간곡한 어조로 부탁을 하면 고객도 부담을 느끼고 누구를 소개해줄까 고민하기 시작한다. 다음은 몇 가지 질문의 예다.

· 고객님과 가깝게 지내는 직장 동료는 어떤 사람들입니까?
· 고객님과 같이 운동하는 분 중에서 누구와 가장 마음이 잘 맞습니까?
· 고객님과 같은 사업을 하시는 분들 중에 어느 분이 가장 성공하셨습니까?
· 고객님, 사업을 하시면서 특별히 많이 도와주신 분이 있습니까?

이렇게 질문하면 고객은 누구누구가 있다고 말할 것이다. 그러면 그 사람들을 소개해 달라고 정중하고 간곡하게 부탁을 하면 된다. 또 다음과 같이 바로 소개를 부탁할 수도 있다.

- 주변에 고객님과 비슷한 증세로 고생하시는 분이 계시면 말씀 해주세요. 그분도 고객님처럼 효과를 보시면 얼마나 좋겠어요. 두 분 정도 소개해주실 수 있겠습니까?
- 관절염으로 고생하는 분이 계시면 세 분만 소개해주실 수 있으신가요?
- 고객님처럼 위장병으로 고생하는 친구가 있으면 세 분만 소개 해주실 수 있겠습니까? 고객님께 하듯이 정성껏 모시겠습니다.
- 고객님, 친목 모임 회원 중에서 고객님처럼 피부가 건조한 분을 소개해주시면 그분께 좋은 기회가 되지 않을까요?
- 친구분들 중에서 주름 때문에 신경 쓰고 있는 분이 계십니까? 그 분도 저희 기능성 화장품을 사용하시면 고객님처럼 만족하지 않을까요?
- 고객님 주변에 잡티나 주근깨로 고민하시는 분이 계시면 ○명 만 소개해주시겠습니까? 저희 제품은 확실하니까 만족하실 겁니다.
- 피부 트러블 때문에 신경 쓰고 계신 분이 계시면 소개해주실 수 있겠습니까?
- 고객님처럼 노후를 걱정하고 있는 친목 회원이 계십니까? ○명

만 소개해주십시오.

· 세금 문제로 골치 아파하시는 분이 계십니까?
· 고객님 주변에 재테크에 관심이 있지만 어찌할지 몰라 고민하
  시는 분 있으면 소개해주시겠습니까?

위와 같이 질문해서 소개를 받으면 당신은 두 가지를 준비해야 한
다. 질문과 선물이다. 소개해주는 사람에게 얻은 정보를 바탕으로
탐색 질문 – 심화 질문 – 해결 질문을 준비해서 고객의 구매 욕구
를 충족할 방법을 찾아내야 한다. 선물은 부담을 주지 않으면서 성
의를 보여줄 수 있으면 된다.

소개판매는 소개해준 사람의 처지도 생각해야 하기 때문에 최대
한 예의 바르고 부담을 주지 않도록 마음을 써야 한다. 또한 1차 방
문으로 판매에 실패하더라도 실망할 필요가 없다. 당신의 가망고객
명단에 한 명을 추가했으니 그것으로 만족하면 된다.

사후 처리도 중요하다. 고객한테 소개를 받았으면 소개해준 고객
에게 반드시 경과 보고를 해야 한다. 고객은 항상 내가 소개해준 고
객이 구매를 했는지 안 했는지 궁금해하기 때문이다. 그러므로 감
사 인사와 함께 진행 상황이나 결과를 말해줘야 고객은 안심하며
당신에게 신뢰감을 느낀다. 판매에 성공했다면 작은 선물을 준비하
는 게 예의다. 선물을 싫어할 사람은 아무도 없다.

무슨 일을 하든지 시간이 지나고 연륜이 쌓이면 하는 일이 좀 편
해지고 소득은 올라가야 한다. 영업도 마찬가지다. 처음에는 용기

있게 열심히 개척을 하고 심심치 않게 연고판매도 하여 어느 정도 소득을 올릴 수 있다. 그러나 이런 방법으로는 얼마 가지 못하고 지칠 뿐 아니라 고소득을 올릴 수도 없다. 몇 년씩 영업을 했는데 아직도 개척만으로 고객을 확보한다면 얼마나 힘들겠는가. 소개가 없으면 아무리 열심히 개척을 한다 해도 한계가 있다. 몸과 정신만 힘들 뿐 고소득을 올릴 수가 없다.

소개는 영업인에게 고소득을 가능하게 한다. 뿐만 아니라 지치지 않고 재미있고 여유 있는 영업 활동을 가능하게 한다. 영업으로 부

자가 되고 싶은가? 그렇다면 소개를 받아라. 소개는 재산을 증식하는 복리이자처럼 당신을 영업 달인의 길로 안내한다.

마지막으로 끝까지 읽어준 당신께 감사를 표한다. 이 책이 조금이라도 도움이 되었길 바라며, 그대 영업의 앞날에 큰 성과가 있기를 소망한다.

뒤척임과 발버둥의 소산

　방문 영업 7년, 돌이켜보면 실패와 아쉬움의 연속이었다. 될 듯 싶다가도 무너지고, 이거다 싶었는데 결국 아니었던 적이 수십 번. 답답했다. '도대체 어떻게 해야 하는가?'라는 질문을 수없이 했다. '영업을 괜히 시작 했구나'라고 후회도 해봤다.

　'성공을 향한 강한 의지', '실패는 생각지도 않는 이유 없는 자신감', '갈 데까지 가보자 하는 똥고집' 같은 오기가 없었다면 나는 지금까지 버텨내지 못했을 것이다. 숱한 밤을 뒤척이며 고민했다. 잘되는 방법을 찾기 위해 발버둥쳤다. 사실 이 책은 그동안의 뒤척임과 발버둥의 소산이다. '이래도 안 되고 저래도 안 되는데 도대체 잘 되는 방법이 뭐냐? 뭐냐고?' 하면서 책을 팠다. 책에게 길을 물었다.

　아직도 여전히 뿌연 안개 속을 헤매지만 조금씩 희미하게나마

길을 더듬어 오다보니 문득 책 한 권을 세상에 내놓게 되었다. 실패하면서 겪은 경험들이 이 책을 내는 데 큰 몫 했으니 실패에 감사해야겠다.

영업인에게 도움이 되는 책을 쓰려고 했지만 솔직히 부끄럽다. 이 책, 저 책을 읽으며 얻은 조각 지식들을 이리저리 꿰어 맞추고, 그것도 안 되겠다 싶으면 남의 글을 통째로 옮겨다 놓았으니, 창작물이라기보다 남의 지식을 도둑질한 장물에 가깝다. 그래도 출처는 밝혔으니 양심 있는 도둑 아닌가.

부끄럽지만 그래도 책을 쓰며 기뻤다. 즐거웠다. 그 순간만은 모든 복잡한 일을 잊을 수 있었다. 쉬는 날엔 서재에서 몇 시간을 몰두해도 배고픈 줄 몰랐고, 지겹거나 지루하지도 않았다. 처음 내는 책이라 나름대로 마음을 꽤 많이 썼다. 그런데도 뭔가 부족

한데, 채울 길을 모르겠다. 아직 공부와 경험이 부족해서 그럴 것이다. 나중에 더 좋은 책을 쓸 수 있을 거라며 스스로 다독일 뿐이다.

부끄러운 점투성이지만, 나름대로 사명감과 의무감을 지니고 썼다고 자위를 해본다. 수준이 높아진 영업인의 눈높이에 맞추고자 노력했으며, 그들이 영업 달인이 되는 데 자그마한 도움을 주고자 배려하려고 애썼는데, 그것이 이 책에 잘 녹아들었기를 간절히 바랄 뿐이다.

무슨 일이든 10년은 해봐야 그 분야의 전문가가 될 수 있다는 말이 있다. 이것저것 모자란 게 많은 나는 앞으로 10년은 더 해야 할 듯싶다. 브라이언 트레이시나 지그 지글러와 같은 선배들의 책을 읽으면서 영업은 경영학, 심리학, 철학, 사회학을 넘나드는 종합학문이라는 생각을 했다. 이들의 저서를 읽으며 영업을 주제로 이렇게 다양하고 수준 높은 책을 쓸 수 있다는 사실에 경외감을 느꼈다. 아직도 가야 할 길이 멀다는 사실도 새삼 깨달았다. 그러나 한 발 한 발 이들의 발자국을 따라가다 보면, 어느 순간 이들을 따라잡을 날도 있을 것이다. 당신들의 힘찬 응원이 그래서 필요하다.

교양인을 위한 고전 리더십

오정환 지음 / 14,000원

**진정한 리더가 없는 시대,
시공간을 초월해 리더와 리더십의 본류를 찾는다!**

3,000년 전 춘추전국시대의 역사를 통해 현대인들에게 필요한 진정한 리더와 리더십을 알아보는 책이다. 진정한 리더란 어떤 존재이며, 이 시대에 필요한 참된 리더는 어떤 소양을 지녀야 하는지 그 시대 영웅호걸들에게서 배울 수 있다.

내 인생 최고의 버킷리스트, 책쓰기다

오정환 지음 / 13,500원

**A부터 Z까지 생생한 책 쓰기 코칭
이 책 한 권이면 당신도 책을 쓸 수 있다!**

많은 사람들이 자신의 버킷리스트 중 하나로 책 쓰기를 선택하고 있다. 그러나 책 쓰기는 고되고 힘든 작업으로 혼자서 하다 보면 주저앉기 일쑤다. 이 책은 그런 사람들을 위한 책으로 '무조건 책 한 권 쓰기' 과정을 운영하고 있는 저자의 생생한 코칭 방법이 들어 있다.

영업, 질문으로 승부하라

개정증보판 1쇄 인쇄 ｜ 2018년 7월 20일
개정증보판 1쇄 발행 ｜ 2018년 7월 25일

지은이 ｜ 오정환
펴낸이 ｜ 김진성
펴낸곳 ｜ 호이테북스
출판등록 ｜ 2005년 2월 21일 제2016-000006호

편　집 ｜ 정소연, 허 강
관　리 ｜ 정보해
표지디자인 ｜ 김혜경, 장재승
본문디자인 ｜ 디자인플랫

주　소 ｜ 경기도 수원시 장안구 팔달로 37번길 37, 303(영화동)
전　화 ｜ 02-323-4421
팩　스 ｜ 02-323-7753
이메일 ｜ kjs9653@hotmail.com

ⓒ 오정환, 2018
값 14,500원
ISBN 978-89-93132-62-5 03320